全新增訂版

【最完整的陽宅內外格局速查易改事典】

江柏樂圖解居家開運好風水

江柏樂◎著

風水乃以科學為根、人為本

我在十六年前自設房屋租貸公司，將遠古陽宅風水理論，配合現代科學角度去分析、探討，希望讓理論與實務經驗相互應證。直到現在，勘察過的陽宅風水已多達八千五百戶以上。透過這樣的經驗累積，我了解到，在人體的血液、骨骼裡含有鐵質及鈣質，而地球本身就是一個很大的磁場，因此居住其中的人們，必定會受地球磁場的影響。同樣地，陽宅以鋼筋鐵骨為結構，人們居住其中，隨時都會受到陽宅釋放的磁波影響。由此可知，陽宅風水對人體、財富、健康的影響非常地大。在此，希望藉由本書的出版，讓所有讀者都能和我一樣，擁有健康、快樂與財富。

中華民國現代易經
風水協會理事長
江柏樂

Chapter 2

內格局

陽宅門面

陽宅大門

陽宅地下室

陽宅臥室

陽宅客廳

陽宅廚房

風水概論

風水是一門以現代西方科學理論為基礎，結合中國古代《易經》哲學的學說。

中國風水本是一門超越現代科技水準的超科學，也難怪現今有愈來愈多西方人士願意相信風水之說，並將風水中的氣，以宇宙磁場中的微波來解釋。風水認為，陽光、空氣、水會因為建物材質的不同，而產生不同的微波沖射，並對居住陽宅中的人，產生不同程度的身體影響。

在陽宅風水裡，「風水」指的就是風與水，也就是宇宙自然環境、水路流向，以及建物對居住者運勢的影響。如果陽宅的外在環境會對本宅產生不好的沖射，即為俗稱的「外煞」，像是建物的壁刀、牆角、尖角、電桶加電線桿、路沖、高壓電塔……等。但外煞形成的氣場（微波），卻會因為方位的不同，或是個人體質的差異，產生不同程度的影響或病變。

此外，風水中還提到「山管人丁水管財」，所以居家附近的水路流向也關係著居住其中者的財運好壞。因此，在選擇居家環境時，也不能忽略關乎財運興衰的水路流向。

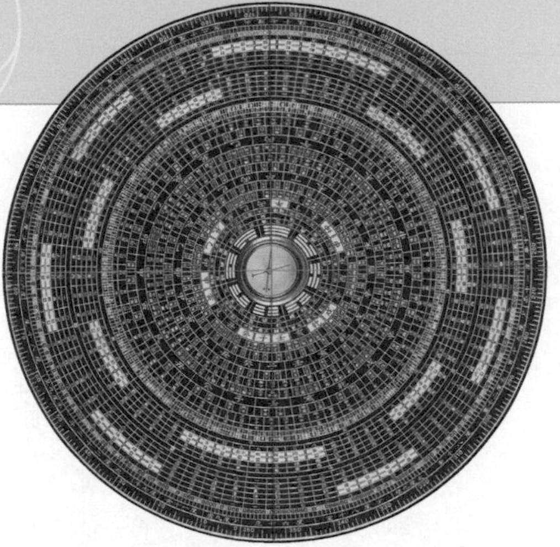

如果將陽宅視為人體（陽宅人體論），我們每天進出必須經過大門。陽宅大門就如同人的嘴巴，每個人每天都必須進食，如果吃進的食物清潔，身體就會健康，少病痛；但如果吃進的食物不潔，就會生病。或許短時間內不易察覺，但時間一久，必定顯現。陽宅的走道、通道，就如同人的呼吸系統。如果走道暢通，呼吸順暢，必定身強體健；但如果走道不通，呼吸也會不順暢，人體氣的運行也必定不順，百病叢生。

如果陽宅就像一個人（人體論），那麼一旦

住家出現缺角，就像一個人生病、受傷一樣。試想，一個生病、受傷的人怎麼可能快樂、健康地生活呢？所以，選擇好的居家環境及陽宅，不僅可以增加財運，還能求得健康平安，因此非常重要。

風水學結合了中國老祖宗五千年的智慧結晶，以及現代西方科學驗證理性之說。對於風水的信或不信，有賴各位睿智的判斷。

福地福人居？

以往常聽人說：「福地福人居」，只要自己有福氣，不管住在什麼地方都能順心如意。但如果認為自己福氣不夠，是否就得甘於一生失意、毫無作為呢？

現在，就請改正你的觀念，因為不好的房子，任誰住了都不好。試想，如果住在垃圾場旁邊，儘管體質再好的人，一旦時間久了，到頭來還是會生病的。或是，假設你有五千萬的身價，但一棟房子卻會讓你一年慘賠五百萬，那麼這棟房子只要住個十年，就會讓你耗盡家財。倘若八字不錯，一年還可以進帳個二百五十萬，但如果仍舊住在這樣的房子裡，毫無改善，連同你的家當加加減減，大概二十年左右也會消耗殆盡。

年命配宅相

房子的坐向，必須以負責家中主要經濟來源的人為主，以他（她）的出生年來找出所屬「納音五行」（請參照下方「年命五行對照表」），再根據其五行找出適合的房子坐向。

所謂「五行相生相剋原理」，即為木生火、火生土、土生金、金生水、水生木。五行屬火的人，除了可

年命五行對照表

干支	五行	干支	五行	干支	五行	干支	五行	干支	五行	干支	五行
甲子	金	甲戌	火	甲申	水	甲午	金	甲辰	火	甲寅	水
乙丑	金	乙亥	火	乙酉	水	乙未	金	乙巳	火	乙卯	水
丙寅	火	丙子	水	丙戌	土	丙申	火	丙午	水	丙辰	土
丁卯	火	丁丑	水	丁亥	土	丁寅	火	丁未	水	丁巳	土
戊辰	木	戊寅	土	戊子	火	戊戌	木	戊申	土	戊午	火
己巳	木	己卯	土	己丑	火	己亥	木	己酉	土	己未	火
庚午	土	庚辰	金	庚寅	木	庚子	土	庚戌	金	庚申	木
辛未	土	辛巳	金	辛卯	木	辛丑	土	辛亥	金	辛酉	木
任酉	金	壬午	木	壬辰	水	壬寅	金	壬子	木	壬戌	水
癸酉	金	癸未	木	癸巳	水	癸卯	金	癸丑	木	癸亥	水

以選擇正南、南偏東南、東南偏南、南、南偏西南等屬火的坐向外，也可以考慮選擇正東、東偏東北、東北偏東、東偏東南、東南等屬木的坐向，因為木是生火的。

雖然了解了上述原則，但有些人可能不知道自己的年命干支（如民國五十三年次為甲辰年、民國六十年次為辛亥年），這時可以參考一般《農民曆》中的年齡生相對照表，或是翻查《萬年曆》皆可（請參考下方「各種生肖應避免的房屋坐向」）。

各種生肖應避免的房屋坐向

生肖	相沖之坐向	生肖	相沖之坐向
鼠	正南	馬	正北
牛	西南偏南	羊	東北偏北
虎	西南偏西	猴	東北偏東
兔	正西	雞	正東
龍	西北偏西	狗	東南偏東
蛇	西北偏北	豬	東南偏南

財水有收、無收，大不同

所謂「財水」是指陽宅前方的水溝流向，不管是由右至左，或由左至右，皆必須配合房子坐向。比方說，坐北朝南的房子，其水流方向必須由右向左流才屬財水有收，反之則為財水無收。

如果房子的坐向正確，再加上財水有收，則為賺錢之格；倘若財水無收，錢財外流，相當於是為他人作嫁，辛苦掙得的錢都進到別人口袋，不得不慎。

房屋坐向	財水流向
西北	→ 由左向右
東	→ 由左向右
東南	→ 由左向右
西	→ 由左向右
北	← 由右向左
東北	← 由右向左
南	← 由右向左
西南	← 由右向左

Chapter 1

外格局

挑選住家除了配合納音五行、坐向、
財水流向、注意室內格局外，
還有一個非常重要的考量，就是得避開「外煞」。

所謂「外煞」是指陽宅遭遇路沖、屋角、壁刀、
廟宇尖角、高壓電塔、枯樹、
破舊的房子、反弓處等地形或地物。
所以挑選時，務必謹慎，
以免意外、車禍、血光、官訟、耗財等厄事發生。

當然，如果能幸運避開外煞是最好的，
但如果無法避開，又該如何是好？

陽宅或建物缺角

影響說明

八卦病體煞

若公司有缺角，主人心浮動、工作情緒不穩，易與人發生口角、是非；若陽宅有缺角，對居住其中者的身體影響尤甚。

有關缺角方位對照身體的影響說明如下：

1. 西北方有缺角：易引起頭部毛病。
2. 北方有缺角：易引起腎臟、子宮、婦科、泌尿器官等毛病。
3. 東北方有缺角：易引起頸部、手部、背部方面等毛病。
4. 東方有缺角：易引起足部毛病。
5. 東南方有缺角：易引起肝、膽、坐骨神經方面等毛病。

6. 南方有缺角：易引起心臟、血液循環、血壓等毛病。

7. 西南方有缺角：易引起胃腸、腹部等毛病。

8. 西方有缺角：易引起肺部、呼吸器官、氣喘等毛病。

化解方法

上述1 可擺金屬製品、銅製品、流水聚寶盆、瓷瓶、水晶洞化煞。

上述2 北方屬水，可擺流水物品（如流水器），以補足北方的能量磁場。一般也會擺有助催財的物品，如貔貅、蟾蜍等。

上述3 東北方屬土，可擺水晶、琉璃或瓷器。所謂「山管人丁水管財」，選擇瓷器時，建議選擇繪有山水樣式的瓶身。

上述4 可擺圓葉且葉片厚大的綠色植物或流水物品化煞。

上述5 可擺圓葉且葉片厚大的綠色植物或流水物品化煞。

上述6 南方屬火，可以燈光（白光、黃光皆可）加強照明化煞。

上述7 可擺瓷瓶化煞。

上述8 可擺瓷瓶或金屬物品化煞。

開運技巧

- 選購流水聚寶盆時，建議選擇上有蟾蜍等吉祥物裝飾者。
- 瓷瓶花色無特殊限制，建議可找圓形且瓶身繪有山水等吉祥樣式的款式。擺設時，若陽宅坐北朝南，因北方的水從右側來，可將瓷瓶放在右側，讓水往內流；若陽宅坐東朝西，則可將瓷瓶放在左側，讓水往內流。
- 晶洞的種類無特殊規定，紫水晶或黃水晶皆可。
- 若陽宅東方、東南方出現缺角，因東方屬木，可擺圓葉或葉片厚大的植物，如發財樹、金錢樹等。因水會帶來生物，但不見得每戶陽宅皆具備讓植物生長的條件，所以也可擺設流水飾品。任何陽宅的北方、東方皆可擺設流水，而「水朝內流」是擺設流水飾品時的基本原則。

位在水路及馬路內側

彎抱水

影響說明

若陽宅位處水路或馬路轉彎內側，形如一彎形保護，則稱為「彎抱水」，主吉。但前提是，必須配合水路流向，倘若水路流向錯誤，亦主破財。

化解方法

財水有收之陽宅坐向對照表

房屋坐向	財水流向
西北	→ 由左向右
東	→ 由左向右
東南	→ 由左向右
西	→ 由左向右
北	← 由右向左
東北	← 由右向左
南	← 由右向左
西南	← 由右向左

開運技巧

●自然界中，許多植物皆具化煞功能，如福木、黃金扁柏及榕柏等。其中，以福木的效果最好。因為福木只要遭受煞氣入侵，就會枯萎，但此時葉片還不至掉落，不需更新；倘若整株（盆）福木已經完全枯萎，便需重新更換。

●種樹之所以能化煞，是因為煞氣入侵時，樹葉會因為風吹波動，產生折射，降低煞氣的影響（至少可擋下五成）。極為嚴重時，建議可再搭配八卦桃木獅咬劍，加強化煞功效。桃木具避邪效果；八卦具鎮宅效果；獅子是百獸之王，本身即可化煞，避免陰界入侵。

福木

位在水路及馬路外側

反弓煞

影響說明

若陽宅位處馬路轉彎處外圍，因車行速度帶動氣場原故，產生離心力，導致氣場紊亂，形如弓箭拉滿弓之狀態，則稱為「反弓煞」。若是公司、店面，主破財；若是陽宅，主病體。

化解方法

1. 可在面對反弓處的中央位置，掛上經開光的八卦桃木獅咬劍化煞。最好可在最彎處，另外種植四棵福木化解。
2. 可在面對煞方處，安放一對經開光的獅咬劍。但請注意，擺設獅咬劍時，獅頭須面向煞方。倘若煞方正對陽宅明堂，也可置於陽台兩側。
3. 可在門口兩側安放一對泰山石敢當。若陽宅位處較高樓層，也可將石敢當置於電梯口兩側。

開運技巧

- 之所以是四棵福木，而不是五棵、六棵……乃因風水上，「四」也代表文昌。但在台灣傳統習俗中，認為「四」非吉祥數字，所以也有人只放三棵。其實，最好的做法，就是請專業風水師根據煞的嚴重性來決定數量。或許輕則一棵，重則得種整排也說不定。
- 若部分陽宅礙於自家門前為公有地，未經許可不得種樹的話，也可在煞方擺放福木盆栽來化煞。
- 若陽宅位處高樓層，可在面對煞方處，安放一對經開光的貔貅。但請注意，安放貔貅時，頭部須面向煞方。最好可在最彎處，另外擺放四棵福木盆栽化解。
- 古人認為獅子可以鎮宅，而「鎮宅」在廣東話中又與「鎮財」音近，所以擺設獅子不僅可以鎮宅，又可以鎮財。常見一些寺廟、銀行會在門口兩側安放成對石獅，便是取自這層涵義。

反弓水

影響說明

若陽宅位處水路轉彎處外圍，因水流帶動產生離心力，此型態之流水，形成類似弓箭拉滿弦的狀態，故稱「反弓水」。

化解方法

1. 可在煞方安放一對泰山石敢當或建造噴水池化煞。
2. 若水流流向是財水有收，可在面對煞方處外牆，掛上經開光的八卦桃木獅咬劍化煞；若水流流向是財水無收，則須交由女人掌權當家。因男人當家，會年年破財，需慎防。

房屋坐向	財水流向
西北	→ 由左向右
東	→ 由左向右
東南	→ 由左向右
西	→ 由左向右
北	← 由右向左
東北	← 由右向左
南	← 由右向左
西南	← 由右向左

3. 若陽宅位處高樓層，可在面對煞方處，擺設晶洞化煞。但請注意，晶洞的洞口須朝向陽宅內部。

開運技巧

- 反弓水亦稱「無情水」。居住其中者，主破財。
- 晶洞種類不限，紫水晶或黃水晶皆可。但一般來說，紫水晶可增智慧，黃水晶可招財。
- 水晶的淨化方式，可以每隔一段時間，利用檀香粉點燃後的香煙來淨化水晶磁場。或者，也可請專業風水師以開光持咒的方式加以淨化。
- 財水有收，主六年或十二年破財一次，須以年格避之。但年格須由專業風水師，根據羅盤搭配陽宅坐向、煞的方位來推算出流年與煞的關係。
- 陽宅風水若屬男性破財格局，應交由女性掌權，或是男性須將收入交由女性掌管，方可避免。倘若家中沒有女主人，則須顛倒床頭或辦公桌的位置，以收財水。因人每天睡覺及工作時間長達八小時，所以可藉由改變頭位及座位化解。

高樓邊緣直切自宅門面

明堂煞

影響說明

若陽宅正前方有高樓壁刀直切門面，則稱為「明堂煞」。主頭部疾病。如車禍、血光會發生在頭部。請參考第二十頁「八卦病體煞」，了解不同方位所對應的疾病。

化解方法

1. 可在面對煞方處外牆，掛上經開光的八卦桃木獅咬劍化煞。
2. 可在面對煞方處，加掛厚重窗簾。
3. 可在面對煞方處，種植四棵福木。
4. 可在陽宅中心位置擺設晶洞，並在面對煞方處，另外種植四棵福木緩解。倘若陽宅位處高樓，也可以福木盆栽替代。

開運技巧

- 桃木本身便具化煞功能，但使用八卦桃木獅咬劍前，仍須請專業風水師或法師根據《農民曆》中的吉日，開光持咒。坊間多數化煞物品非以桃木製作，但儘管如此，使用前仍須開光，但效力有限。
- 厚重窗簾的花色不限，但建議依五行八卦方位選擇適合的顏色。比方說，東方屬木，可掛綠色；西方屬金，可掛白色；南方屬火，可掛紅色；北方屬水，可掛黑色。
- 除了福木之外，也可選擇黃金扁柏、榕柏等枝葉茂密、葉片厚大的樹種。經由風吹，產生波動，當煞氣侵入時，會因為折射而降低其嚴重性。
- 若陽宅位處高樓，不便種樹，也可以盆栽替代。但請注意，盆栽下方須特別墊高，且墊高後須高於人的身長，方具化煞效果。
- 晶洞種類不限，紫水晶或黃水晶皆可。紫水晶可增智慧，黃水晶可招財。
- 水晶的淨化方式，可以每隔一段時間，利用檀香粉點燃後的香煙來淨化水晶磁場。或者，也可請專業風水師以開光持咒的方式加以淨化。
- 一般來說，化煞物品的效力約可持續六年。舉例來說，如果是在民國一〇〇年安放八卦桃木獅咬箭化煞，則須在民國一〇六年重新安放。

壁刀

影響說明

若陽宅、公司對到他棟建物邊緣，即所謂「壁刀」。陽宅對到壁刀，居住其中者，易有病體、血光之災；公司對到壁刀，易有破財、官符、是非。倘若壁刀正對陽宅明堂、公司正前方，居住其中者，則易有頭部問題，且不易破解。

化解方法

1. 可在面對煞方最凶處（站立時感到最不適的位置），安放一對經開光的獅咬劍，並根據影響範圍，種植四棵以上福木化煞。
2. 可在面對煞方處，擺放流水飾品（如魚缸），甚至可再加裝造霧氣。藉由水波折射原理緩解。倘若陽宅位處高樓，也可以福木盆栽替代。

開運技巧

● 除了福木之外，也可選擇黃金扁柏、榕柏等枝葉茂密、葉片厚大的樹種。請注意，盆栽下方須特別墊高，且墊高後須高於人的身長，方具化煞效果。

● 魚缸的造型不限，但擺設時，缸中的水必須呈現流動狀態。或者，也可加裝造霧氣，當煞侵入時，經由水霧的水波折射，可降低煞的力量。缸中可以不需養魚，因為煞氣侵入時，魚自然也會死亡。

流動水飾品

黃金扁柏

天斬壁刀煞

影響說明

若陽宅對到類似此建物的壁刀，則稱為「天斬壁刀煞」。居住其中者，易有病體、血光之災。

化解方法

1. 可在面對煞方處外牆，掛上經開光的八卦桃木獅咬劍化煞。
2. 可在面對煞方處，貼上反光玻璃鏡片、隔熱紙反射。

開運技巧

- 反光玻璃鏡片、隔熱紙在陽光強烈時，對面陽宅也會因為陽光照射的角度關係，產生「光煞」。但若是在陰天，或陽光微弱的日子，則影響不大。
- 反光玻璃鏡片、隔熱紙的顏色愈深，抵擋煞氣侵入的效果愈強。就一般常見的顏色來說，金黃色的擋煞效果優於深色。

壁刀煞

影響說明

若陽宅對到他棟大樓的側邊，則稱為「壁刀煞」。倘若他棟大樓的側邊為紅色，影響則更大。居住其中者，可參考第二十頁「八卦病體煞」中所述，會根據所對方位，對身體各部產生不同影響。若為公司，主破財、糾紛。

化解方法

1. 可在面對煞方處外牆，掛上經開光的八卦桃木獅咬劍化煞。
2. 若為嚴重壁刀，建議請專業風水師實地勘查後，再加以化解。

開運技巧

- 原則上，若陽宅正對建物牆角邊緣，已屬嚴重壁刀，難解。但另一方面，也得視居住其中者對煞的感受程度來論。
- 一般來說，建物愈大，影響就愈大。

多重壁刀煞

影響說明

若陽宅遭受兩棟以上大樓壁面橫切，其影響必定較單一壁面的壁刀嚴重，故稱為「多重壁刀煞」。居住其中者，主病體、血光之災；若為公司，主破財、官符、是非不斷。

化解方法

1. 可在面對煞方處，安放一對經開光的獅咬劍。但請注意，擺設獅咬劍時，獅頭須面向煞方。
2. 可在面對煞方處外牆，掛上經開光的八卦桃木獅咬劍化煞。

開運技巧

● 有關八卦的化煞物品很多，但須留意的是，凡是所有與八卦相關的物品，皆必須安放在室外，才能有效阻擋外來煞氣。這道理就如同隨身佩戴的避邪物品，必須露在衣服外層一樣，倘若放在衣服裡層，煞氣會先直接侵襲身體、穿透衣服後，才會碰到避邪物品，但此時傷害可能已經造成，恐怕為時已晚。

天斬煞

影響說明

若陽宅面對樓高十二層以上的大型建物，形如天刀般直劈而來，則稱為「天斬煞」。此煞極為難解。居住其中者，易患有頭部疾病；若為公司，易有官非、口舌、嚴重破財等。

化解方法

若陽宅正對大型建物壁刀，已屬嚴重情況。倘若煞方出現在凶方（曜煞），則更為難解。建議可請專業風水師實地勘查後，再尋求妥善解決之道。

開運技巧

●天斬煞也會根據煞方與陽宅的所對方位，對身體各部產生不同影響。比方說，煞在東方，腿部容易出問題；煞在西方，肺臟、肝臟容易出問題；煞在南方，心臟、血液容易出問題；煞在北方，腎臟、子宮容易出問題。

●所謂「曜煞」是出自與陰宅風水相關的《八煞歌訣》。且陰陽同論，古時地理師必定先會看陰宅，才會看陽宅。

●《八煞歌訣》寫道，「坎龍坤兔震山猴。巽雞乾馬兑蛇頭。艮虎離豬是曜煞。宅墳逢之使人愁。」其中，「艮虎離豬是曜煞」，艮為土，虎為寅，寅為木，木又剋土；離為火，豬為亥，亥為水，水又剋火。若煞位與陽宅中人的生肖相合，則屬嚴重難解之煞。

破面煞

影響說明

若陽宅正前方或中間處，對到他棟建物的邊緣牆面，形如壁刀切面而來，則稱為「破面煞」。居住其中者，易有頭部問題。也可參考第二十頁「八卦病體煞」，了解不同方位所對應的問題。

化解方法

可在面對煞方處外牆，掛上經開光的八卦桃木獅咬劍，並在凶方（站立時感到最不適的位置）種植福木化煞。

開運技巧

- 「破面煞」與「壁刀」的區別在於，前者是正對陽宅明堂而來的屋角邊緣；後者則是所有對到陽宅周圍的屋角邊緣皆屬之。
- 除了福木之外，也可選擇黃金扁柏、榕柏等枝葉茂密、葉片厚大的樹種。
- 若不便種樹，可以盆栽替代。但請注意，盆栽下方須特別墊高，且墊高後須高於人的身長，方具化煞效果。

破面天斬煞

影響說明

若陽宅正前方或中間處，近距離對到一棟十二層以上建物的邊緣牆面，形如大型壁刀切面而來，則稱為「破面天斬煞」。居住其中者，易有病體、頭部問題、破財。

化解方法

1. 可在面對煞方處，安放一對經開光的獅咬劍。但請注意，安放獅咬劍時，頭部須面向煞方，並另外種植整排福木化解。
2. 可在面對煞方處，安放一對經開光的貔貅。但請注意，安放貔貅時，頭部須面向煞方，並另外種植整排福木化解。
3. 可在面對煞方處外牆，掛上經開光的八卦桃木獅咬劍，並另外種植整排福木化解。

開運技巧

- 除了福木之外，也可選擇黃金扁柏、榕柏等枝葉茂密、葉片厚大的樹種。
- 種植整排綠色植物化煞時，數量不限，可依住家環境自行斟酌。
- 若陽宅不便種樹，也可以盆栽替代。但盆栽下方須特別墊高，且墊高後須高於人的身長，方具化煞效果。
- 此煞極為嚴重，表示正對陽宅的建物不僅高大，且距離過近。若陽宅本身風水頗佳，卻遭受外煞威脅，便可以前述方式緩解；倘若陽宅本身風水不佳，建議還是搬遷為宜。

天斬破面煞

影響說明

若陽宅正前方或中間處，近距離對到兩棟十二層樓高以上建物，形如大型刀刃直劈而來，則稱為「天斬破面煞」。居住其中者，易患頭部疾病，難解。建議還是搬遷為宜。

化解方法

可在正對煞方處外牆，掛上經開光的八卦桃木獅咬劍，再另外種植整排福木緩解。

開運技巧

- 「破面天斬煞」是陽宅近距離正對前方大型單棟建物的壁刀；「天斬破面煞」則是陽宅除了有兩棟近距離的大型建物壁刀正對而來之外，還在兩棟大樓間，形成風力強勁的風煞，等於是受到二種外煞的影響，更為嚴重。

雙壁刀煞

影響說明

若陽宅、公司、店面周圍對到雙棟建物形成的壁刀，則稱為「雙壁刀煞」。居住其中者，主病體、血光、破財不斷。此外，由於雙棟建物間還會夾一風煞，加劇影響。

化解方法

可在面對煞方處的中央位置外牆，掛上經開光的八卦桃木獅咬劍，再另外種植整排福木緩解。

開運技巧

- 壁刀的嚴重性會視陽宅所在樓層，與壁刀所在建物的相對位置，而有不同程度的影響。比方說，陽宅位處九樓，但正對的壁刀只有七層樓，在這種情況下，只會對陽宅七樓以下的樓層產生影響。倘若是雙壁刀煞，其中一棟樓高十三層、另外一棟樓高七層，那麼七層樓高的建物不會對陽宅（九樓）產生影響，僅十三層樓高的建物會對陽宅造成威脅。
- 除了福木之外，也可選擇黃金扁柏、榕柏等枝葉茂密、葉片厚大的樹種。
- 若陽宅位處高樓，不便種樹，也可以盆栽替代。但盆栽下方須特別墊高，且墊高後須高於人的身長，方具化煞效果。

飛刃煞

影響說明

若陽宅、公司前方，對到他棟建物的壁面或屋角，形如刀刃橫切而來，則稱為「飛刃煞」。

居住其中者，主病體、破財。也可參考第二十頁「八卦病體煞」，了解不同方位所對應的問題。

化解方法

可在正對煞方處，掛上經開光的八卦桃木獅咬劍，並在凶方（站立時感到最不適的位置）種植福木化煞。

開運技巧

- 除了福木之外，也可選擇黃金扁柏、榕柏等枝葉茂密、葉片厚大的樹種。
- 若不便種樹，也可以盆栽替代。但盆栽下方須特別墊高，且墊高後須高於人的身長，方具化煞效果。
- 判定「煞氣最凶處」的方法，首先請站在陽宅明堂，面向前方，接著左右緩慢移動，找到望出去會讓你感到最不適的定點，則該定點即為煞氣最凶處。若家中每人對最凶處的認知不同，且身旁無專業風水師可協助判斷時，請以正中央的位置為準。

弓箭煞

影響說明

若陽宅對到此類建物，則稱為「弓箭煞」。因該煞的影響是取自整棟建物的外形，故沖射力量會較壁刀更為嚴重。

化解方法

1. 可在陽宅周圍種植四棵福木，再將經開光的八卦桃木獅咬劍掛在面對煞方處外牆，即可化煞。
2. 可依五行八卦方位，加掛厚重窗簾，藉由布來反射煞氣的力量。

開運技巧

● 除了福木之外，也可選擇黃金扁柏、榕柏等枝葉茂密、葉片厚大的樹種。

● 若不便種樹，也可以盆栽替代。但盆栽下方須特別墊高，且墊高後須高於人的身長，方具化煞效果。

● 厚重窗簾的花色不限，但建議依五行八卦方位選擇適合的顏色。比方説，東方屬木，可掛綠色；西方屬金，可掛白色；南方屬火，可掛紅色；北方屬水，可掛黑色。

● 部分風水問題，可以利用窗簾等布類化煞。比方説，陽宅樑柱外露，可用厚重布縵包覆化煞。但請注意，即便加掛厚重布縵，仍應避免坐或睡在樑下。就能量磁場學的觀點來看，雖然樑柱經包覆後，肉眼已無法看見，但它依舊存在空間中。頭頂的百會穴仍會吸收磁場，容易出現頭暈、肩頸酸痛、無法久坐等問題。

陽宅對到大型建物

天斬煞

影響說明

若陽宅對到此類大型建物，形如天刀直劈而來，則稱為「天斬煞」。年格一到，主破財、生病連連。

化解方法

可在面對煞方處，安放一對經開光的獅咬劍化煞。但請注意，擺設獅咬劍時，獅頭須面向煞方。

開運技巧

- 原則上，樓高十二層以上即可算是大型建物。早期樓高五層的，僅有樓梯；樓高七層的，才附有電梯，接著才又出現十二層樓以上的電梯建築，故以十二層樓作為區分大型建物的基準。
- 年格須由專業風水師，根據羅盤搭配陽宅坐向、煞位推算出流年與煞的關係。

陽宅附近煙筒建築

煙囪煞

影響說明

下列五種情況，皆屬「煙囪煞」。

1. 陽宅附近可見磚窯之煙筒建築。
2. 陽宅附近雖有煙筒存在，但並無陽台或窗戶可直接望見。
3. 陽宅附近雖有煙筒存在，但該煙筒已經停用。相較之下，冒煙的煙筒較不冒煙的煙筒嚴重。
4. 陽宅距離煙筒較遠，僅可看見煙筒頂端的一小部分。
5. 陽宅距離煙筒更遠，僅可看見煙筒冒出的煙。

居住其中者，易犯有肺部、呼吸器官等問題。年格一到，主破財、血光之災。也可參考第二十頁「八卦病體煞」所述，了解所對方位會對身體各部造成哪些影響。

化解方法

可在面對煞方處，安放一對經開光的獅咬劍化煞。但請注意，擺設獅咬劍時，獅頭須面向煞方。

開運技巧

- 五行中，西方屬金，主肺部等呼吸器官。若煙筒（或壁刀）恰好位於西方，則容易出現肺部疾病。此外，在中醫學裡，肺主皮毛，除了肺臟、肝臟容易出問題外，皮膚也容易頻出狀況。
- 有關煞方與陽宅居住者的生肖對應如下：

若煞方位於西北，對應生肖為狗、豬。
若煞方位於北方，對應生肖為鼠、馬。
若煞方位於東北，對應生肖為鼠、馬。
若煞方位於東方，對應生肖為雞、兔。
若煞方位於東南，對應生肖為龍、蛇；次要則為狗、豬。
若煞方位於南方，對應生肖為鼠、馬。
若煞方位於西南，對應生肖為羊、猴；次要則為虎、牛。
若煞方位於西方，對應生肖為雞、兔。

兩側建物高於自家陽宅

孤獨煞

影響說明

若陽宅本屋低矮，左右兩側建物高大，形成兩大夾一小，則稱為「孤獨煞」。居住其中者，主貧窮、破財、出孤寡之人。

化解方法

1. 由於陽宅中心是承受壓力最大的地方，所以可在房屋中心位置擺放七星陣、晶洞或大型晶柱，代表一柱擎天。
2. 可在主人書桌、辦公桌後方放置晶洞，作為靠山或鎮宅。但請注意，晶洞的洞口須面向自己。

開運技巧

● 大型晶柱的種類沒有限制，紫水晶或黃水晶皆可；但原則上，體積愈大，效力愈強。若真找不到大型晶柱時，也可擺放多量小型晶柱替代。但請注意，由於不同種類的水晶能量級數不同，所以擺設多量小型晶柱時，請找同種水晶，以免能量磁場分散。

● 晶洞的種類不限，紫水晶、黃水晶皆可。此外，也可在晶洞後方，另以硃砂寫上「泰山石敢當」等字樣來增強化煞效力。

● 水晶的淨化方式，可以每隔一段時間，利用檀香粉點燃後的香煙來淨化水晶磁場。或者，也可請專業風水師以開光持咒的方式加以淨化。

建物高而孤聳

孤峰煞

影響說明

若大樓本身高聳矗立，但四周房屋低平，則稱為「孤峰煞」。風吹氣散，居家不宜，居住其中者，易有腦神經衰弱、情緒不穩、錢財不易守得等問題。

化解方法

1. 除非經過都市更新，重新規劃，否則很難利用化煞物品化解。建議還是搬遷為宜。
2. 可在面對煞方處，擺放流水飾品，並加裝造霧氣，藉由水波折射原理緩解。
3. 可在面對煞方處，擺放魚缸，象徵風生水起好運來。

開運技巧

● 魚缸的形狀不限，但務必使缸中的水呈現流動狀態，藉由水波折射，降低煞氣的影響。

陽宅上寬下窄

泰山壓頂煞

影響說明

若陽宅建築上半部較大，下半部較小，形成頭重腳輕之現象，則稱為「泰山壓頂煞」。居住其中者，財不易守，情緒不穩，事業容易發生危機。以小搏大，年格一到，主破財。

化解方法

原則上，該煞會特別對公司負責人或高階主管等掌權者造成影響，但只要避免坐在懸空位上，自可避免。一般來說，東西向陽宅，在兔年、雞年發凶；南北向陽宅，在鼠年、馬年發凶。

開運技巧

- 若某企業在各地擁有多家分公司，但僅其中一間子公司犯有「泰山壓頂煞」，其影響只會限於該大樓（子公司）的內部人員，並不會牽連該企業的母公司或其他子公司。
- 一般談論房子坐向時，會以「陽台」或「落地窗」等採光面較大的方位為基準。但專業風水師在論斷陽宅坐向時，除了根據採光面外，還會參考陽宅水路流向，兩者綜相參考，才足以判斷風水的好壞。
- 坊間時常流傳「什麼生肖要住在什麼方位，或睡在什麼方向」這樣的說法。其實，生肖、睡向皆無關陽宅坐向。

磁場煞

影響說明

若陽宅本身上寬下窄，形如頭重腳輕，則稱為「磁場煞」。由於現代建築多為鋼筋水泥，身處其中，一旦靠近窗戶邊緣，容易因為地心引力的關係，感到頭暈，產生整棟建築物都在搖晃的錯覺。

化解方法

在這種情況下，建議窗邊不要坐人，並在窗邊擺放長青類盆栽（如金錢樹），或是流水飾品化煞。

開運技巧

● 若該建物為辦公大樓，可在窗邊擺放收納資料用的櫃子，再於上方放置長青類植物裝飾，以此作為靠山。

陽宅門口有尖物擺設

尖角沖射

影響說明

若陽宅或公司門口出現這類尖銳建物，則稱為「尖角沖射」。居住其中者，易有血光之災；若為公司，易生口角、官非、破財。

化解方法

1. 將尖銳物移除。
2. 將尖角鈍化。
3. 可在面對煞方處，種植福木，利用風吹樹動的反射原理化煞。

開運技巧

- 尖角的大小與煞的嚴重性有關。尖角愈大，影響就愈強。
- 除了福木之外，也可選擇黃金扁柏、榕柏等枝葉茂密、葉片厚大的樹種。

箭煞

影響說明

若陽宅、公司周圍出現這類建物，則稱為「箭煞」。箭煞的殺傷力遠大於壁刀，不僅不易化解，居住其中者，還易有破財、倒閉、官非等困擾。若陽宅、公司正對這類建物，更要特別注意破財、病體、官非等問題。

化解方法

1. 可在主人辦公室左側（龍邊）安奉一對經開光的獅咬劍化煞。貔貅雖可，但貔貅主招財，建議還是以獅咬劍為佳。或者，也可兩者同時安放，既可化煞，又可招財。
2. 可在面對煞方的中央位置，掛上經開光的八卦桃木獅咬劍化煞。

開運技巧

- 雖陽宅所在樓層未與箭煞相對，可降低嚴重性，但仍會受到影響。
- 與壁刀相比，箭煞的影響較強，因為箭煞就如同弓箭的箭頭。若以傷口比喻，壁刀如同劃在皮膚上大且淺的傷口，而箭煞卻是小而深的洞口。

陽宅對到巨大招牌

招牌煞

影響說明

若陽宅前方正對或斜切巨大招牌，形如刀刃直切而來，則稱為「招牌煞」。其中以紅色招牌最為嚴重，主血光之災。此外，也可以參考第二十頁「八卦病體煞」所述，了解不同方位對身體各部可能造成的影響。

化解方法

可在面對煞方的中央位置外牆，掛上經開光的八卦桃木獅咬劍化煞。

開運技巧

- 原則上，招牌愈大，影響愈強，問題也就愈嚴重。至於亮燈與否，則差別不大。

陽宅對到建物側邊

虎頭煞

影響說明

若陽宅對到他棟建物側邊，且側邊恰好有窗口，形如猛虎開口，則稱為「虎頭煞」。其中，若屋瓦為紅色，主病體、血光；若屋瓦為黑色，主官符、破財。此外，也可以參考第二十頁「八卦病體煞」所述，了解不同方位對身體各部可能造成的影響。

化解方法

1. 可在煞方掛上經開光的八卦桃木獅咬劍化煞。
2. 可在面對煞方處，安放一對經開光的獅咬劍。但請注意，擺設獅咬劍時，獅頭須面向煞方。若煞方正對陽宅明堂，也可置於陽台兩側。

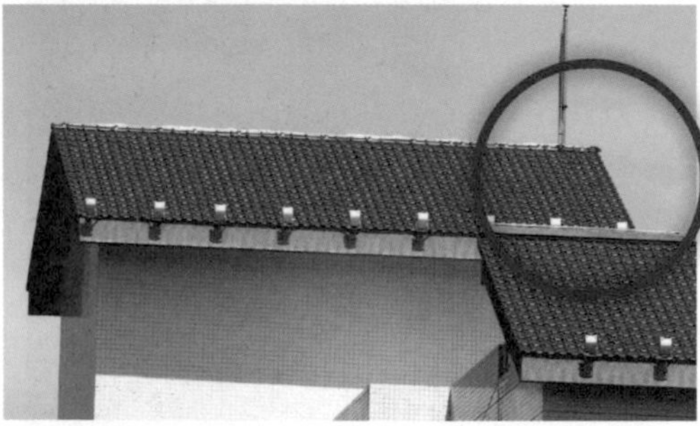

開運技巧

- 若屋頂非瓦片，而是鐵皮材質，一樣會受到影響。而且，同樣以紅色鐵皮的影響最嚴重。化解方法則如同前述兩點說明。

陽宅對到形如男性陽具建物

桃花煞

影響說明

有些建物外形狀似男性陽具，若陽宅對到該建物，則稱為「桃花煞」。無論是陽宅對到煞方，或是居住其中，主男性易外遇，女性易出牆。

化解方法

1. 可在面對煞方處，掛上經開光的八卦桃木獅咬劍化煞。
2. 可在煞方左右兩側種植仙人掌，以避爛桃花。
3. 可將對方平時常穿的衣服與自己常穿的衣服，如同折衣服般，整齊折好（對方衣服在下，自己衣服在上），再以紅紙黑字寫著：「〇〇〇（對方名字）聽從△△△（自己名字）之言，百依百順」，放在剛折好的衣服胸口位置，用秤錘壓在紙上，擺在床頭，或是衣櫃、廚房角落等隱密處即可。

開運技巧

- 前述化解方法三，不須定期更動或更換，只需長期擺放即可。
- 最嚴重的桃花煞，當屬狀似男性陽具的建物，出現在陽宅曜方時。在有關陰宅風水的《八煞歌訣》中提到，「坎龍坤兔震山猴。巽雞乾馬兌蛇頭。艮虎離豬是曜煞。宅墳逢之使人愁。」其中，「艮虎離豬是曜煞」，艮為土，虎為寅，寅為木，木又剋土；離為火，豬為亥，亥為水，水又剋火。倘若煞位與陽宅中人的生肖相合，即為無解。
- 有些人為了讓自家庭院或陽台顯得朝氣蓬勃，會選擇種植桃花，或是牽牛花等爬藤類植物，可是一不小心，很容易惹來爛桃花的糾纏，所以建議可在陽台或圍牆兩側種植仙人掌。
- 倘若進一步細分，左側代表男性，右側代表女性。若女性為避免另一半外遇，可將仙人掌放在左側位置；若男性為避免另一半外遇，可將仙人掌放在右側位置。當然，若兩側同時擺放，就可以同時避免雙方外遇。
- 請注意，即便已在煞方種植仙人掌，建議還是不要讓牽牛花等爬藤類植物翻過牆面，或是種在曜方位置。

陽宅位處兩路所夾之地

剪刀煞

影響說明

若陽宅位處兩條馬路或巷道所夾之地，則稱為「剪刀煞」。居住其中者，易有官非、破財等問題。

化解方法

1. 可在煞方所在陽宅開設髮廊、咖啡廳或便利商店化解。
2. 可在兩路所夾之處，擺放泰山石敢當化煞。
3. 若在街道兩旁種植整排黃金扁柏或榕柏也可化煞。但兩排樹木交會處，請種成圓弧形，以化解兩路所夾出的銳利尖角。

開運技巧

- 因髮廊以剪刀為工具，自可破煞；便利商店因顧客來自四面八方，賺八方財，故不受風水影響。
- 現今許多社區大樓前，會在門口矗立一塊石頭，上頭以紅字寫著「〇〇社區」即是。如此一來，便可避免他人因見石敢當而心生畏懼。
- 除了兩路所夾陽宅外，位在兩路所夾的倒三角範圍內陽宅，也屬「剪刀煞」。只是後者的嚴重性小於前者。但具體嚴重程度，仍須視馬路及巷道的大小而定。

陽宅對到三角屋簷

官非煞

影響說明

若陽宅對到三角形黑瓦屋簷之建物，則稱為「官非煞」。居住其中者，主年格一到，必有官符、口角。

化解方法

可在面對煞方處的中央位置，掛上經開光的八卦桃木獅咬劍，再另外種植四棵福木化煞。

開運技巧

- 陽宅必須正對建物側邊的三角屋簷，才屬「官非煞」；若陽宅僅對到建物正面，並未對到側邊三角屋簷，則不屬之。
- 除了福木之外，也可選擇黃金扁柏、榕柏等枝葉茂密、葉片厚大的樹種。

陽宅位於廟宇周圍

燕尾煞

影響說明

若陽宅前方或周圍對到廟宇尖角，形如尖嘴刺物直沖而來，則稱為「燕尾煞」。居住其中者，主病體、血光之災。

化解方法

1. 可在面對煞方的中央位置，掛上經開光的八卦桃木獅咬劍化煞。
2. 可在面對煞方處，種植整排福木化解。

開運技巧

- 該煞多半出現在陽宅附近有廟宇或仿古建築時。只要建物的尖角有對到陽宅，都屬「燕尾煞」。即便面對煞方無窗台可直接望見，但煞依舊存在，只是影響較小。
- 除了福木之外，也可選擇黃金扁柏、榕柏等枝葉茂密、葉片厚大的樹種。
- 若陽宅位處高樓，不便種樹，也可以盆栽替代。但盆栽下方須特別墊高，且墊高後須高於人的身長，方具化煞效果。

尖嘴煞

影響說明

若陽宅前方或附近有廟宇尖角，形如巨鵬、巨龍張開血盆大口，迎面直撲而來，則稱為「尖嘴煞」。居住其中者，主病體、血光之災，且易有口角、是非、嚴重官符。

化解方法

1. 可在面對煞方的中央位置，掛上經開光的八卦桃木獅咬劍化煞。
2. 可在面對煞方處，種植整排福木化解。

開運技巧

- 古云：「廟前廟後主不安」，故無論住在廟前或廟後，皆不妥當。生活中常見小型宮廟開設在民宅公寓內，透過乩身來上達天庭、下通地府，為陽世人們解決事情。過程中，周圍住戶不僅會被打擾，也容易引來一些孤魂聚集到此，一方面接受廟方供養，一方面聽從廟方吩咐。
- 除了福木之外，也可選擇黃金扁柏、榕柏等枝葉茂密、葉片厚大的樹種。
- 若不便種樹，也可以盆栽替代。但請注意，盆栽下方須特別墊高，且墊高後須高於人的身長，方具化煞效果。
- 從風水角度，「柳樹」及「芭蕉」兩者皆屬招陰植物，千萬不可種植。

陽宅所對建物瘦長且屋頂呈三角形

火形煞

影響說明

若陽宅所對建物的外形高瘦，且屋頂呈三角形，形如錐狀，則稱為「火形煞」。若屋瓦為黑色，主官符、糾紛；若屋瓦為紅色，主病體、血光。

化解方法

1. 若對到黑色屋頂，可在面對煞方的中央位置，掛上經開光的桃木劍化煞。
2. 若對到紅色屋頂，可在面對煞方的中央位置，掛上經開光的八卦桃木獅咬劍化煞。

開運技巧

- 此煞特指他宅屋頂。若為自宅屋頂，居住其中者，不會受到影響。
- 若屋頂非瓦片而為鐵皮，同樣會受到影響。其中，以紅色的影響最為嚴重。因紅色主血光；黑色主官非。所以現今許多工廠，都會將紅色鐵皮屋頂改漆成綠色，以避開形煞問題。

火形屋

影響說明

若陽宅大門對到外形高瘦且屋頂呈三角形的建物，則稱為「火形屋」。居住其中者，易有火災發生。

化解方法

因黑色屬水，水可剋火，故可在面對煞方處，以黑色系統裝潢化煞。

開運技巧

- 黑色系統包括黑色、灰色等深色系，但咖啡色不屬之。材質上，則無特殊規定。
- 切勿使用綠色系或紅色系。因木生火，若使用綠色或紅色系裝潢，很容易有火災發生。

陽宅側邊對到屋脊或屋角

側脊煞

影響說明

若陽宅側面有屋脊、屋角直沖而來，則稱為「側脊煞」。居住其中者，主病體、血光、官非、糾紛。

化解方法

可在面對煞方處，安放一對經開光的鎮宅獅咬劍化煞。但請注意，擺設獅咬劍時，獅頭須面向煞方。倘若煞方正對陽宅明堂，也可置於陽台兩側。

開運技巧

- 若面對煞方處，並無窗台、陽台等放置空間，也可在外牆掛上經開光的八卦桃木獅咬劍化煞。

陽宅頂樓加蓋

逆輪煞

影響說明

若在陽宅屋頂加蓋一間小屋，此陽宅又可稱為「犯失序煞」。主家中易生口角、是非、血光之事。

化解方法

1. 可在進門入口處上方，掛上經開光的八卦桃木獅咬劍化煞。
2. 可在陽台左側（龍邊）種樹，因龍高制虎。

開運技巧

- 龍邊的判定標準，是由屋內朝屋外方向望去的左邊。
- 若在頂樓加蓋鐵皮屋，用來堆放雜物或客室，並非作為日常起居空間，同屬「逆輪煞」。居住其中者，或是正對煞方的陽宅，皆會受到影響。但若是從陽宅望出，須刻意抬頭才能看見的情況，則影響較小。

陽宅右側為車道、停車塔

虎動煞

影響說明

若陽宅右側（虎邊）為車道或停車塔，則稱為「虎動煞」。因白虎動，居住其中者，主公司內部人事不合，或夫妻、兄弟姐妹、父母等家庭關係不睦。

化解方法

可在主人辦公桌的左側（龍邊），放置一對經開光的獅咬劍，即為「龍押虎」或稱「獅押虎」，以解虎動煞。

開運技巧

- 陽宅右側雖為車道或停車塔，但影響會因為距離遠近而有所差別。愈靠近車道或停車塔的陽宅，影響愈大。
- 若車道或停車塔位於陽宅左側，雖不受「虎動煞」影響，卻會另外形成磁場問題。居住其中者，易患有腦神經衰弱。

陽宅前後對到建物的凸出物

探頭煞

影響說明

若從陽宅望去，可見他棟建物的加蓋凸出物，或是他棟建物後方的凸出物，形如人探頭，則稱為「探頭煞」。居住其中者，主犯小人、易遭竊。

化解方法

可在面對煞方處，掛上經開光的桃木劍，以斬斷小人。

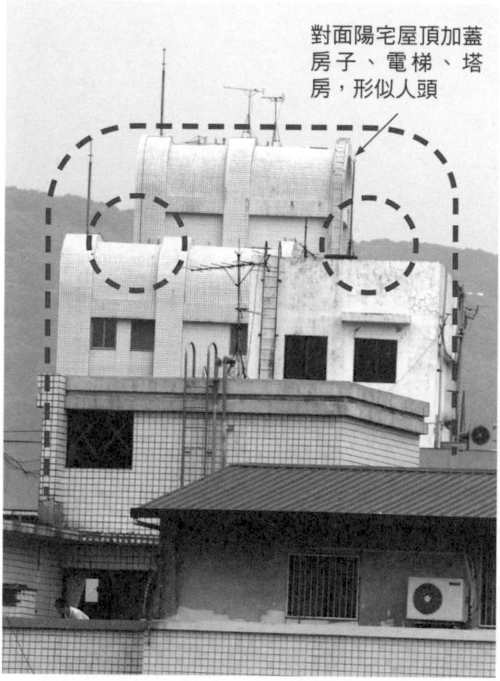

開運技巧

● 桃木劍的劍身須拉出劍鞘至少三分之一，否則效果有限。這點請務必注意。

陽宅位在死巷內

無尾巷

影響說明

若陽宅位在寬度四公尺的狹窄死巷內，則屬「無尾巷」。居住其中者，主婚姻不合，財運不佳；若公司位在無尾巷，主內部人事不合，易因破財而導致官符。

化解方法

1. 可在陽宅門口種植福木，加強通風採光。
2. 可參考附錄〈陽宅八卦八方位擺設改運圖〉來加強室內磁場的擺設。
3. 可參考陽宅坐向，在客廳懸掛大型山水畫化煞。比方說，陽宅坐東朝西，可掛在左側；坐北朝南，可掛在右側。

開運技巧

- 寬度四公尺的狹窄死巷，通常無法讓車子有迴轉空間。車子開進無尾巷，必須直接倒車才能退出。
- 若陽宅位處無尾巷中，樓層愈低，影響愈嚴重。
- 陽宅位處無尾巷中，運勢雖會受到影響，但其嚴重程度仍會隨著巷道寬度而有所差別。巷道愈寬，影響就愈小。
- 除了福木之外，也可選擇黃金扁柏、榕柏等枝葉茂密、葉片厚大的樹種。經由風吹，產生波動，當煞氣侵入時，會因為折射而降低其嚴重性。
- 山水畫的長寬比例，可依實際居住空間，參考文公尺上的吉字刻度來判定。

陽宅位處狹長巷道中

閉氣煞

影響說明

若兩排房屋中間為共同出入巷道，且巷道上方被整排屋簷遮蓋，雖能避免出入被雨淋溼，卻也導致空氣不易流通，故稱為「閉氣煞」。居住其中者，主運勢不佳、工作不順、財運不易聚集。

化解方法

建議最好拆掉屋簷，只要加強採光通風，自可化煞。

開運技巧

● 一些早期低矮平房，特別容易出現「閉氣煞」。居住其中者，經常感到屋內悶熱、陰暗。所以，最好從通風採光來加以改善。比方說，陽宅門窗時常開啟、保持暢通，或是將窄巷上方換成透明屋簷。若屋簷不便拆除更換，也可在門口加裝感應燈或探照燈，二十四小時點亮，以提升氣場。

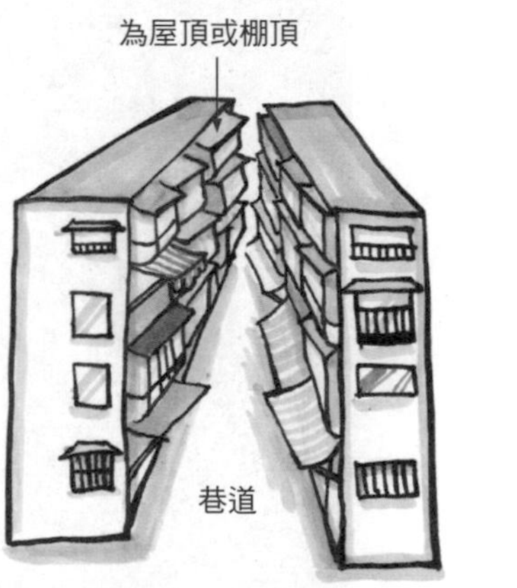

長巷煞

影響說明

若陽宅位在狹長巷弄內，且與對戶鄰居的大門距離過近，形成門對門或開門碰壁，則稱為「長巷煞」。居住其中者，主運勢衰退、財運不佳。

化解方法

古云：「山管人丁水管財」，可在陽宅客廳掛上一幅流水畫，並讓水朝內流，具有招財效果。

開運技巧

● 流水畫的內容也可以是海，或湖。但請注意，吊掛的位置，務必使水流方向朝著陽宅內部。至於畫作的長、寬比例，可參考文公尺上的吉字刻度。

陽宅門前正對陸橋

攔腰煞

影響說明

若陽宅前、後有高架橋橫切而過，易阻擋明堂旺氣、納氣，故稱為「攔腰煞」。居住其中者，主破財、血光之災。

其中，低樓層住戶易有病體、血光；高樓層住戶易有事業不穩定的現象發生。

化解方法

1. 可在面對煞方處外牆，掛上經開光的八卦桃木獅咬劍化煞。
2. 可在面對煞方處，加裝厚重窗簾擋煞。
3. 可在面對煞方處，種植四棵福木。

開運技巧

- 加掛厚重窗簾時，可依八卦方位擺設。比方說，東方屬木，可掛綠色；西方屬金，可掛白色；南方屬火，可掛紅色；北方屬水，可掛黑色。上述化解方法可擇一使用，但若同時使用，效果更佳。
- 除了福木之外，也可選擇黃金扁柏、榕柏等枝葉茂密、葉片厚大的樹種。
- 若陽宅位處高樓，不便種樹，也可以盆栽替代。但請注意，盆栽下方須特別墊高，且墊高後須高於人的身長，方具化煞效果。

陸橋煞

影響說明

陽宅附近陸橋過多，也會影響運勢。其中，若陽宅大門對著馬路或陸橋，且門口低於陸橋或馬路路面，則稱為「陸橋煞」。居住其中者，主財運不順、運勢低落。

化解方法

可在面對陸橋或馬路的地方，掛上經開光的八卦桃木獅咬劍，並種植整排福木化煞。

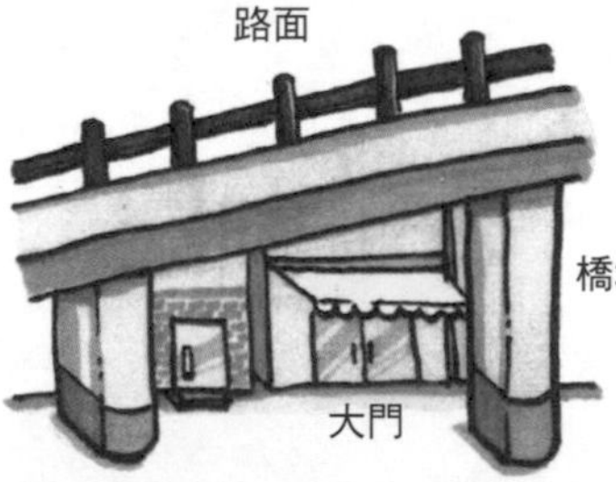

開運技巧

- 除了福木之外，也可選擇黃金扁柏、榕柏等枝葉茂密、葉片厚大的樹種。
- 若面對陸橋或馬路地方為公有地，不便種樹，也可只掛八卦桃木獅咬劍化煞。

陽宅屋頂呈半圓或八字形

蓋棺煞

影響說明

若陽宅屋頂或廟宇建築呈半圓形、八字形或三角形，形如棺材蓋，則稱為「蓋棺煞」。其中，紅色主血光，最為嚴重。居住其中者，倘若年格一到，且生肖相合，恐有性命之憂，不可不慎。

化解方法

1. 可在面對煞方處外牆，掛上經開光的八卦桃木獅咬劍化煞。
2. 可在面對煞方處，安放一對經開光的獅咬劍。但請注意，擺設獅咬劍時，獅頭須面向煞方。若煞方正對陽宅明堂，也可置於陽台兩側。

開運技巧

● 原則上，屋瓦紅色、黃色皆不宜，但紅色主血光，最為嚴重。

抬棺煞

影響說明

若陽宅、廟宇的屋頂呈三角形，形如棺材蓋，則稱為「抬棺煞」。倘若正沖陽宅或公司，主白虎開口，年格一到，家中必定有人死亡。萬一生肖相合，更是無解。其中，屋瓦紅色，主病體、血光；屋瓦黑色，主官符、糾紛。

化解方法

1. 若生肖相合，無解。
2. 可在面對煞方處，安放一對經開光的獅咬劍，再種植四棵福木緩解煞氣。但請注意，擺設獅咬劍時，獅頭須面向煞方。若煞方正對陽宅明堂，也可置於陽台兩側。
3. 可在面對煞方最凶處（站立時感到最不適的位置）外牆，掛上經開光的八卦桃木獅咬劍，再以四棵福木緩解煞氣。

開運技巧

- 除了福木之外，也可選擇黃金扁柏、榕柏等枝葉茂密、葉片厚大的樹種。
- 若不便種樹，也可以盆栽替代。但盆栽下方須特別墊高，且墊高後須高於人的身長，方具化煞效果。
- 十二地支對應生肖如下：

地支	生肖
子	鼠
丑	牛
寅	虎
卯	兔
辰	龍
巳	蛇
午	馬
未	羊
申	猴
酉	雞
戌	狗
亥	豬

《八煞歌訣》中提到，「坎龍坤兔震山猴」。其中，「坎龍」代表坐北朝南，若辰方有煞，且生肖恰巧屬龍或對沖的狗，便容易遭逢生死難關。

陽宅前後有馬路直沖而來

路沖煞

影響說明

若陽宅前方、附近有巷道或大小馬路直沖而來，則稱為「路沖煞」。居住其中者，易有病體、血光之災；若為公司，易有官非、破財。

化解方法

1. 可在面對煞方處，安放一對經開光的獅咬劍。但請注意，擺設獅咬劍時，獅頭須面向煞方。若煞方正對陽宅明堂，也可置於陽台兩側。
2. 可在面對煞方處，安放一對經開光的貔貅。但請注意，擺設貔貅時，頭部須面向煞方。若煞方正對陽宅明堂，也可置於陽台兩側。

3. 可在面對煞方處，安放一對泰山石敢當。倘若陽宅位處較高樓層，也可將石敢當置於電梯口兩側。
4. 可在面對煞方處，建造活動噴泉化煞。

開運技巧

- 很多人對「路沖」的界定感到疑惑。其實，除了一般人所知的馬路正對陽宅大門而來的之外，若是對著窗戶而來，甚至沒有對到窗門，只是直沖陽宅而來的，都可算是路沖。
- 若進一步就嚴重性區分，最嚴重的，當屬車流直衝陽宅而來者；倘若車流是背離陽宅駛去，雖仍算是路沖，但不嚴重。
- 再者，路沖也會因為馬路寬窄、陽宅樓高或是位於上坡或下坡等，而有不同程度的影響。原則上，馬路愈大、樓層愈高，影響愈大；位於下坡最嚴重，平面次之，上坡最輕。

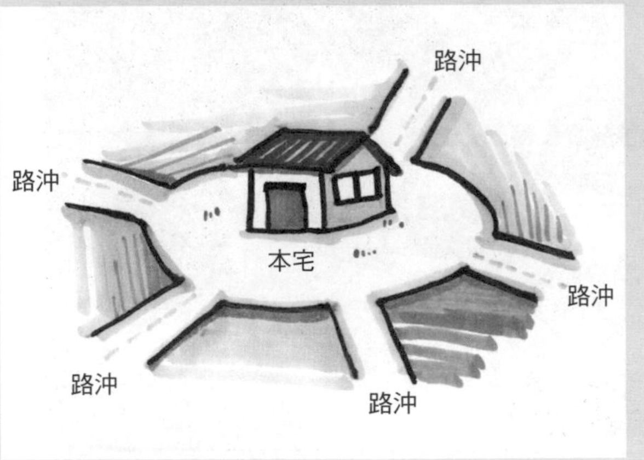

暗箭煞

影響說明

若陽宅後方出現路沖、反弓道路或屋角沖射，則稱為「暗箭煞」。居住其中者，主小人、破財。其中，男性易有腎臟問題；女性易有子宮、泌尿器官等問題。

化解方法

可在面對煞方最凶處（站立時感到最不適的位置），掛上經開光的八卦桃木獅咬劍化煞。

開運技巧

● 即便面對煞方沒有門窗，影響仍舊存在。

● 現今許多社區以「冂」型建造，倘若前棟陽宅出現暗箭煞，對後棟陽宅來說，影響仍在，但較輕微。原則上，首當其衝的陽宅影響最大，一旦中間經過其他陽宅阻隔，便會削弱其嚴重程度。

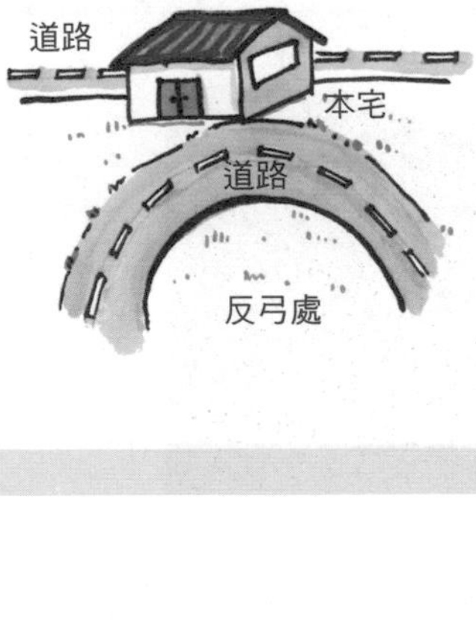

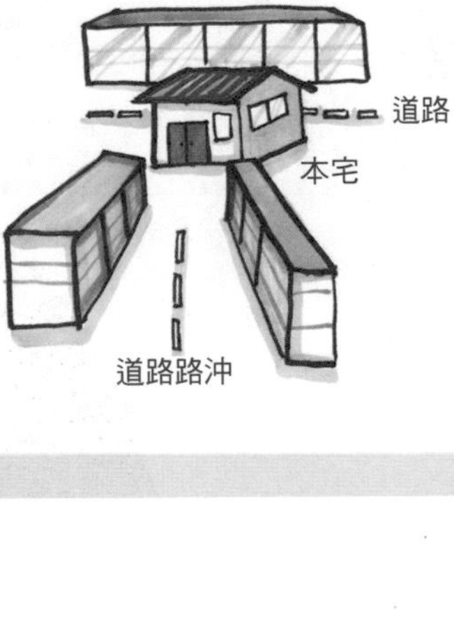

陽宅對到形如彎刀的建築

連環煞

影響說明

若陽宅所對建物形如彎刀，橫切或直切而來，則稱為「連環煞」。居家面對者，主破財、血光之災；居住其中者，易頭痛、情緒不穩。

化解方法

1. 可以反光玻璃擋煞。
2. 可在面對煞方處外牆，掛上經開光的八卦桃木獅咬劍化煞。

開運技巧

- 反光玻璃鏡片、隔熱紙的顏色愈深，抵擋煞氣侵入的效果愈強。就一般常見的顏色來說，金黃色的擋煞效果優於深色。
- 反光玻璃鏡片、隔熱紙在陽光強烈時，對面陽宅也會因為陽光照射的角度關係，產生「光煞」。但若是在陰天，或陽光微弱的日子，則影響不大。

陽宅有電波通過

火屋煞

影響說明

若陽宅上方有高壓電線或電塔通過，因高壓電屬火，且帶有磁波，故稱為「火屋煞」。居住其中者，主病體、血光之災，易有腦神經衰弱等問題。嚴重者，恐罹患癌症或腫瘤。

化解方法

由於該煞起因於高壓電塔的磁波，很難利用化煞物品化解，建議盡快搬遷為宜。

開運技巧

- 火屋煞亦稱為「磁波煞」。
- 該煞影響相當嚴重，又因高壓線路不易遷移，建議還是搬遷為宜。若真無法搬離，可在面對煞方處，接上一條接地線，但此法僅可做到緩解，無法完全化解。所以選擇住所時，請務必謹慎。
- 電流流經時，會產生令人不適的噪音，但所有與磁波相關的煞，皆很難以化煞物品化解，最多只能做到緩解。因此，建議還是搬遷為宜。

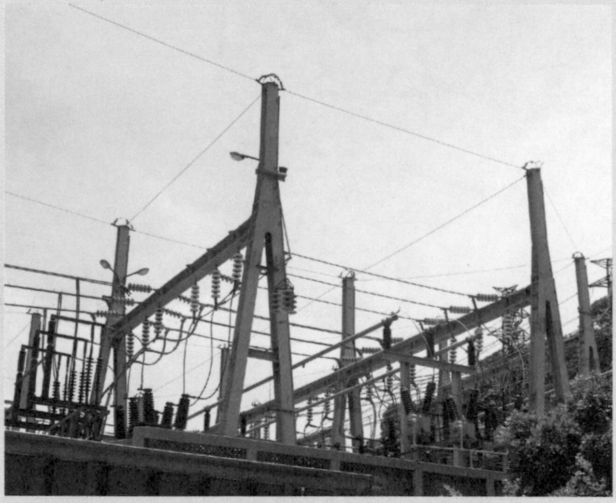

自殺局之一

影響說明

若陽宅對到「ㄇ」型高壓電桶，則稱為「自殺局」。年格一到，必發凶。居住其中者，易出現腦神經衰弱、情緒不穩或自殺等傾向。

倘若「ㄇ」型高壓電桶位在陽宅天曜方，主嚴重病體、血光之災；若位在地曜方，主官非、糾紛不易化解。最嚴重者，是位在正曜方，無解。

化解方法

1. 若該煞位在陽宅正曜方，無解。
2. 可在面對煞方處（正曜方除外）外牆，掛上經開光的八卦桃木獅咬劍，並種植四棵福木緩解。
3. 可在面對煞方處（正曜方除外），加掛厚重窗簾擋煞。
4. 可在面對煞方處（正曜方除外）擺放魚缸，利用水波折射原理緩解。

開運技巧

● 除了福木之外，也可選擇黃金扁柏、榕柏等風水上常用的化煞植物。

● 若陽宅位處高樓，不便種樹，也可以盆栽替代。但盆栽下方須特別墊高，且墊高後須高於人的身長。

● 厚重窗簾的花色不限，但建議依五行八卦方位選擇適合的顏色。比方說，東方屬木，可掛綠色；西方屬金，可掛白色；南方屬火，可掛紅色；北方屬水，可掛黑色。

● 魚缸的形狀不限，但擺設時，缸中的水必須呈現流動狀態。缸中不需養魚，因為當煞侵入時，魚會死亡。或者，也可擺放流水盆並加裝造霧氣，因為當煞侵入時，經過造霧氣所噴散出的水波折射後，可以降低煞的力量。

● 所謂「三曜方」即正曜方、天曜方、地曜方。《八煞歌訣》中提到，「艮虎離豬是曜煞」，艮為土，虎為寅，寅為木，木又剋土；離為火，豬為亥，亥為水，水又剋火。以住屋為點而外的三曜方，若煞位與陽宅中人的生肖相合，即為「正曜」，無解。所謂「天曜」，主病體、意外血光。可參考第二十頁「八卦病體煞」所述，了解不同方位所對應的疾病。所謂「地曜」，主官司、糾紛。

● 所有與磁波相關的煞，皆很難以化煞物品化解，最多只能做到緩解。建議還是搬遷為宜。

自殺局之二

影響說明

若陽宅窗戶緊閉，且無前陽台，通風採光不良，形如鳥籠，則稱為「自殺局」。人居住其中，如同「囚」字，易出現自殺傾向。

化解方法

1. 可將陽台內推，並擺放四棵福木盆栽，以改善磁場。
2. 可加強通風採光，維持心境開朗。

開運技巧

- 除了福木之外，也可選擇黃金扁柏、榕柏等枝葉茂密、葉片厚大的樹種。
- 請注意，盆栽下方須特別墊高，且墊高後須高於人的身長，方具化煞效果。
- 加強陽宅通風採光的方式很多。比方說，可在大門外側裝設燈光，由下往上照亮大門。或者，也可裝設在大門側邊、上方等，位置無特殊規定。

電波煞

影響說明

若陽宅上方、附近有發射台或電塔，因血液中含有鐵質，會受到塔台及其線路磁波影響，進而影響健康，故稱為「電波煞」。居住其中者，主病體、腦神經衰弱，甚至容易罹患癌症、腫瘤。夫妻易生口角、手足不睦、小孩課業衰退。

化解方法

1. 可在面對煞方處，種植整排福木緩解。
2. 可在面對煞方處擺放魚缸，利用水波折射原理緩解。
3. 最好將塔台及其線路遷移他處。若無法遷移，也可在面對煞方處，放置晶洞，但洞口需朝向陽宅內部，以此緩解。

開運技巧

- 原則上，福木的數量愈多，避煞效果愈強。倘若陽宅位處高樓，或面對煞方的空間為公有地，不便種植樹的話，也可擺放福木盆栽，或不需太多光線照射，也能生長的長青類植物（如金錢樹）。
- 除了福木之外，也可選擇黃金扁柏、榕柏等枝葉茂密、葉片厚大的樹種。
- 魚缸的形狀不限，但擺設時，缸中的水必須呈現流動狀態。缸中不需養魚，因為當煞侵入時，魚會死亡。或者也可擺放流水盆並加裝造霧氣，因為當煞侵入時，經過造霧氣所噴散出的水波折射後，可以降低煞的力量。
- 從磁場學的角度來看，無論是紫水晶或黃水晶，效果皆同。但一般來說，紫水晶可長智慧，黃水晶可補財運。因此，若想在化煞的同時增長智慧，可選擇紫水晶；若想增補財運，便可選擇黃水晶。
- 除了塔台及其線路外，一些室內電器的附近，如冷氣、音響、電腦總開關等，也會產生類似影響。所以，多半會以厚重紙箱圍起，再另外加裝隔音裝置。但建議還是盡可能遠離這些場所。
- 所有與磁波相關的煞，皆很難以化煞物品化解，最多只能做到緩解。建議還是搬遷為宜。

電塔煞

影響說明

若陽宅附近有高壓電塔且距離很近，即稱為「電塔煞」。居住其中者，主硬劫，易有血光之災。主病體，如逢陽宅三曜方，恐有癌症、腫瘤的問題。

化解方法

可在面對煞方位置，種植整排福木，並另以八卦桃木獅咬劍緩解。

開運技巧

- 所謂「硬劫」是指來自鋼筋水泥的煞。「硬劫」主病體、血光，易使人罹患癌症等可怕疾病。而「電塔煞」是受高壓電塔的磁波影響，幾乎無解。若先人墳墓造在高壓電塔旁，易生蔭屍，後世子孫也容易頻出意外。唯一方法，只能撿骨後，另外安置。
- 建議以搬遷為宜。因所有與磁波相關的煞，皆很難以化煞物品化解，最多只能做到緩解。

電塔磁波煞

影響說明

若陽宅附近有高壓電塔，且天線橫過陽宅上方，則稱為「電塔磁波煞」。居住其中者，主硬劫，易犯腦神經衰弱、失眠。且年格一到，易有病體、血光之災。

化解方法

可在面對煞方處外牆，掛上經開光的八卦桃木獅咬劍，並種植福木緩解。

開運技巧

- 年格須由專業風水師，根據羅盤搭配陽宅坐向及煞位推算出流年與煞的關係。
- 除了福木之外，也可選擇黃金扁柏、榕柏等枝葉茂密、葉片厚大的樹種。
- 若陽宅位處高樓，不便種樹，也可以盆栽替代。請注意，盆栽下方須特別墊高，且墊高後須高於人的身長，方具化煞效果。
- 福木的種植數量，須視煞方與陽宅的距離而定。距離愈近，影響愈大，必要時需種植整排；若距離遠，種植四棵即可。倘若高壓電塔距離過近，不時可聽見電流聲音的話，依舊無解。
- 所有與磁波相關的煞，皆很難以化煞物品化解，最多只能做到緩解。建議還是搬遷為宜。

電桶煞

影響說明

若陽宅前方、附近有電力公司的變壓器，則稱為「電桶煞」。變壓器會因為電流經過而產生煞氣。居住其中者，主病體。若電桶出現在三曜方，則病情加重。

化解方法

可在面對煞方處，種植整排福木，再依照《農民曆》中的開光、祈福日來安奉八卦桃木獅咬劍緩解。

開運技巧

● 所謂「三曜方」即正曜方、天曜方、地曜方。《八煞歌訣》中提到，「艮虎離豬是曜煞」，艮為土，虎為寅，寅為木，木又剋土；離為火，豬為亥，亥為水，水又剋火。

● 以住屋為點而外的三曜方，若煞位與陽宅中人的生肖相合，即為「正曜」，無解。所謂「天曜」，主病體、意外血光。可參考第二十頁「八卦病體煞」所述，了解不同方位所對應的疾病。所謂「地曜」，主官司、糾紛。

● 該煞會隨著樓高而有不同程度的影響。比方說，若電桶高度約在三樓位置，且三樓陽宅正對電桶，影響最大，但同時也會對一、二樓陽宅造成影響。至於三樓以上的樓層，則會隨著高度逐漸降低其嚴重性。

● 所有與磁波相關的煞，皆很難以化煞物品化解，最多只能做到緩解。建議還是搬遷為宜。

自殺局電桶煞

影響說明

若陽宅附近出現形如「ㄇ」字的電線桿及電桶，其下方又另外堆放物品，如同墊腳般，且一旁又有電線繞過，彷彿自殺上吊狀，則稱為「自殺局電桶煞」。居住其中者，易有精神問題。且年格一到，恐有自殺傾向。

化解方法

可將推放在電桶下方的物品搬走，把電線纏繞整齊，並在面對煞方處，安放一對經開光的獅咬劍緩解。

開運技巧

- 原則上，若陽宅位在該煞三十公尺的範圍內，皆會受到影響。而且，距離愈近，影響愈大。即便陽宅面對煞方無窗門正對，影響依舊存在。
- 年格須由專業風水師，根據羅盤搭配陽宅坐向及煞位推算出流年與煞的關係。
- 所有與磁波相關的煞，皆很難以化煞物品化解，最多只能做到緩解。建議還是搬遷為宜。

電桶煞點滴論之一

影響說明

若陽宅前方出現兩個變壓器或電桶，形似吊掛兩個點滴，因電桶會產生煞氣，故稱為「電桶煞點滴論」。居住其中者，主重病，易有血光之災、病體、破財。

化解方法

1. 可在面對煞方處外牆，掛上經開光的八卦桃木獅咬劍，並另外種植四棵福木緩解。
2. 可在面對煞方位置，依五行八卦方位，加掛厚重窗簾緩解。

開運技巧

- 除了福木之外，也可選擇黃金扁柏、榕柏等枝葉茂密、葉片厚大的樹種。
- 厚重窗簾的花色不限，但建議依五行八卦方位選擇適合的顏色。比方說，東方屬木，可掛綠色；西方屬金，可掛白色；南方屬火，可掛紅色；北方屬水，可掛黑色。
- 所有與磁波相關的煞，皆很難以化煞物品化解，最多只能做到緩解。建議還是搬遷為宜。

電桶煞點滴論之二

影響說明

若陽宅前方出現一個變壓器或電桶，形似吊掛一個點滴，因電桶會產生煞氣，故亦稱為「電桶煞點滴論」。居住其中者，主輕病，易有血光之災、病體、破財。

化解方法

可在面對煞方處外牆，掛上經開光的八卦桃木獅咬劍，並另外種植四棵福木緩解。

開運技巧

- 從風水的觀點來看，可以用來化煞的植物很多，如福木、黃金扁柏、榕樹等，因為這些植物的枝葉茂密，一旦煞氣侵入，可以利用風吹波動的折射原理，有效阻擋煞氣。所以傳統地理師，也習慣以這三種植物化煞。
- 所有與磁波相關的煞，皆很難以化煞物品化解，最多只能做到緩解。建議還是搬遷為宜。

磁波煞

影響說明

若陽宅附近開設鋼鐵工廠、汽車廠，易使住家磁場不穩，因人體血液中含有鐵質，必定會受影響，故稱為「磁波煞」。居住其中者，易心浮氣躁，無法安穩。

化解方法

1. 可在面對因金屬造成的煞方位置，種植整排福木緩解。
2. 可在面對煞方處，放置晶洞化煞。
3. 可在面對煞方處，擺放魚缸等流水飾品，利用水波折射原理緩解。

開運技巧

- 晶洞的種類不限。但每隔一段時間，可利用檀香粉點燃後的香煙來淨化水晶磁場。或者，也可請專業風水師以開光持咒的方式加以淨化。
- 魚缸的形狀不限，但擺設時，缸中的水必須呈現流動狀態。缸中不需養魚，因為當煞侵入時，魚會死亡。或者也可擺放流水盆並加裝造霧氣，因為當煞侵入時，經過造霧氣噴散出的水波折射後，可以降低煞的力量。

陽宅對到大樓反光玻璃

光煞之一

影響說明

若陽宅、公司對到大樓外圍反光玻璃，在太陽光線的折射下，會使人感到刺眼，頭暈目眩，故稱為「光煞」。居住其中者，易生情緒不穩、眼疾、腦神經衰弱；若為公司，主破財，易做出錯誤的投資判斷。

化解方法

可在面對煞方處外牆，掛上經開光的八卦桃木獅咬劍，再依五行八卦位置，加掛厚重窗簾化解。

開運技巧

- 原則上，光煞必須同時具備「陽光強烈」、「角度折射」這兩項因素。若是在陰天，或是陽宅折射的角度不對，則影響不大。
- 常見一些大樓會將外圍玻璃做成反弓狀，若是對到這類造型建物的光煞，影響更為嚴重。請見下頁「光煞之二」的說明。
- 厚重窗簾的花色不限，但建議依五行八卦方位選擇適合的顏色。比方說，東方屬木，可掛綠色；西方屬金，可掛白色；南方屬火，可掛紅色；北方屬水，可掛黑色。

光煞之二

影響說明

若陽宅、公司對到大樓外圍呈圓弧狀的建物，同樣稱為「光煞」。居住其中者，年格一到，主反弓煞；又因玻璃光煞折射，易生官非、破財等問題。

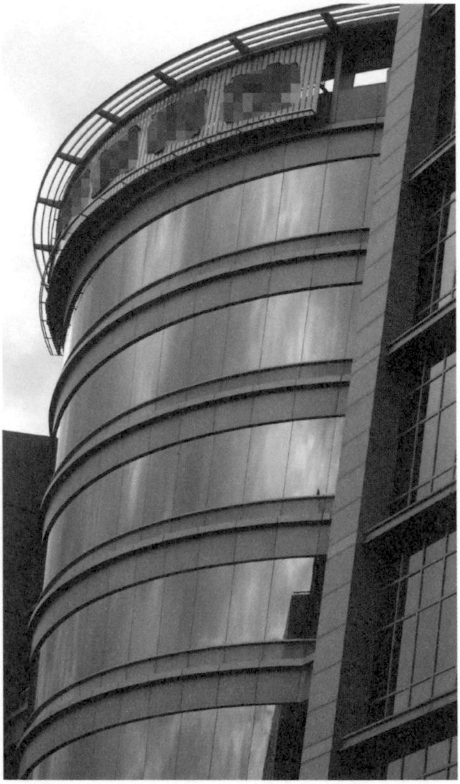

化解方法

1. 可在面對煞方處外牆，掛上經開光的八卦桃木獅咬劍，並另外種植四棵福木化煞。
2. 可在面對煞方處，依五行八卦位置加掛厚重窗簾。

開運技巧

- 桃木本身便具化煞功能，但使用八卦桃木獅咬劍前，仍須請專業風水師或法師根據《農民曆》中的吉日，開光持咒。坊間常見化煞物品非以桃木材質製作，但儘管如此，使用前仍須經過開光，只是效力有限。
- 除了福木之外，也可選擇黃金扁柏、榕柏等枝葉茂密、葉片厚大的樹種。經由風吹，產生波動，當煞氣侵入時，會因為折射而降低其嚴重性。
- 若陽宅位處高樓，不便種樹，也可以盆栽替代。但請注意，盆栽下方須特別墊高，且墊高後須高於人的身長，方具化煞效果。
- 厚重窗簾的花色不限，但建議依五行八卦方位選擇適合的顏色。

玻璃光煞

影響說明

若陽宅對到大樓或工廠反光玻璃帷幕所產生的光折射，則稱為「玻璃光煞」。居住其中者，主破財、病體。

化解方法

可在面對煞方處外牆，掛上經開光的八卦桃木獅咬劍，再依五行八卦位置加掛厚重窗簾。

開運技巧

- 厚重窗簾的花色不限，但建議依五行八卦方位選擇適合的顏色。

陽宅周圍的植物

榕樹陰煞

影響說明

若陽宅附近有高大榕樹，且樹鬚長而藏密，白天幾乎不見陽光，則稱為「犯陰」。居住其中者，主病體，易有腦神經衰弱等問題。

化解方法

只要修剪遮蔽陽光的樹枝，使光線能透進陽宅，便可化陰為陽。

開運技巧

● 此煞多半發生在低矮平房。原則上，只要生長在陽宅附近的榕樹樹蔭不會遮蔽陽宅光線，便不屬「榕樹陰煞」。

陰煞屋之一

影響說明

若陽宅旁種有古榕樹，且樹蔭遮蔽陽光，以致終年不見陽光透進，易使靈體進占，則稱為「陰煞屋」。居住其中者，因陰盛陽衰，主病體，即使服藥、求醫也不見好轉。

化解方法

可挑選《農民曆》中的開光、祈福、安神等吉日，將樹砍除或修剪樹枝後，再撒鹽、米淨宅即可。

開運技巧

● 「榕樹陰煞」、「陰煞屋」等起因於榕樹樹蔭遮蔽的風水問題，不需任何化煞物品，只需砍除或修剪樹木枝葉，讓光線透進陽宅即可。倘若榕樹有不便砍除或修剪的疑慮，也可拿塊大紅布，以綁死結的方式綁在榕樹上，即可化陰為陽。除非紅布破舊或退色，否則無須定期更換。

陰煞屋之二

影響說明

若陽宅前的壁面長樹，亦屬「陰煞屋」。居住其中者，易有顏面神經、精神疾病，或是腦瘤、智能障礙等問題。

化解方法

可挑選《農民曆》中的開光、祈福、安神等吉日，將樹砍除或修剪樹枝後，再修補破損壁面即可。

開運技巧

- 除了樹蔭遮蔽陽宅、陽宅壁面長出樹木屬「陰煞屋」外，若陽宅庭院中的樹木冒出圍牆外亦屬之。但只需將樹砍除，便可化解。

陽宅地基

倒退煞

影響說明

陽宅搭建時，若未填平地面，導致前高後低，形如仰貌，則稱為「倒退煞」。居住其中者，若財水有收，主緩慢破財；若財水無收，主年年破財，家運衰退。

化解方法

1. 可依陽宅坐向，以水管繞行房屋一週，改變水路流向。

2.可依五行八卦方位的擺設來改善室內磁場。比方說，陽宅坐北朝南，可在東方、東南東、東南南、西北西擺設紅、黃、白色物品；陽宅坐東朝西，可在東北北、西南西、西北北擺設紅、黃、白色物品。

房屋坐向	財水流向
西北	→ 由左向右
東	→ 由左向右
東南	→ 由左向右
西	→ 由左向右
北	← 由右向左
東北	← 由右向左
南	← 由右向左
西南	← 由右向左

開運技巧

● 一般談論房子坐向時，會以「陽台」或「落地窗」等採光面較大的方位為基準。但專業風水師在論斷陽宅坐向時，除了根據採光面外，還會參考陽宅水路流向，兩者綜相參考，才足以判斷風水的好壞。

退財煞

影響說明

因地氣游走於地表三尺處，若陽宅地基低於路面，不僅地氣無法從大門進入，也無法讓煞氣順利排出，故稱為「退財煞」。

化解方法

1. 先填土，再蓋屋。
2. 一樓不宜居住，應搬至二樓以上樓層。

開運技巧

- 若陽宅屬「退財煞」，因地勢低於一般路面，不僅潮濕且陰氣偏重，開門容易碰壁，不宜居住。建議可作為倉庫使用。
- 若不便搬遷或填土蓋屋，請盡可能加強通風採光，並以燈光（白光、黃光不限）照亮大門緩解。但建議還是搬遷為宜。

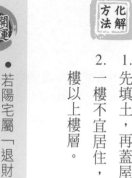

退財屋

影響說明

若陽宅地基低於路面，呈前高後低，如人向後仰貌，則稱為「退財屋」。居住其中者，主病體，且不利財運，影響工作運勢。

化解方法

1. 一樓不宜居住，可作為倉庫使用。
2. 可依五行八卦方位的擺設來改善室內磁場。比方說，陽宅坐北朝南，可在東方、東南東、東南南、西北西擺設紅、黃、白色物品；陽宅坐東朝西，可在東北北、西南西、西北北擺設紅、黃、白色物品。

開運技巧

- 建議以搬遷為宜。若不便搬遷或填土蓋屋，請盡可能加強通風採光，並以燈光（白光、黃光不限）照亮大門緩解。

陷地煞

影響說明

若陽宅、公司地基低於路面，使得旺氣無法從大門進入，廢氣無法排出，則稱為「陷地煞」。

居住其中者，主不吉。若財水有收，主緩慢破財；若財水無收，較為嚴重，主年年破財（平均六年破財一次）。

化解方法

1. 先填土，再蓋屋。
2. 樓下不宜居住，但可作為倉庫使用。
3. 可依五行八卦的方位擺設來改善室內磁場。比方說，陽宅坐北朝南，可在東方、東南東、東南南、西北西擺設紅、黃、白色物品；陽宅坐東朝西，可在東北北、西南西、西北北擺設紅、黃、白色物品。

開運技巧

● 參考五行八卦方位來改善室內磁場時，建議盡可能以裝潢方式修繕，而非僅以油漆塗抹牆面。若僅以油漆裝潢壁面，有家徒四壁的含意。

● 若以壁紙裝潢，建議素色為佳，但不建議貼滿整個牆面，最好是部分張貼，其餘以裝潢改善。比方說，餐廳可掛代表年年有餘、五穀豐收的圖畫；東方牆壁可掛旭日東升、步步高升的圖畫；北方屬水，可掛山水畫，並讓水往內流，或是以黑色沙發、壁面裝飾；南方屬火，可以崁燈加強燈光照射等，皆可提升磁場能量。

東方可掛「旭日東升圖」

餐廳可掛「年年有餘圖」

凹陷煞

影響說明

若陽宅明堂前方有凹狀缺口或面向凹狀車道，氣從缺口進入，則稱為「凹陷煞」。居住其中者，主頭部疾病及破財。

化解方法

1. 可在面對煞方處外牆，掛上經開光的八卦桃木獅咬劍化煞。
2. 可在陽宅與缺口之間，種植整排福木化煞。

開運技巧

●若是陽宅內部格局出現凹陷缺口，可在煞方位置擺放圓形瓷瓶化煞。

●桃木本身便具化煞功能，但使用八卦桃木獅咬劍前，仍須請專業風水師或法師根據《農民曆》中的吉日，開光持咒。若化煞物品非以桃木材質製作，使用前仍須經過開光，只是效力有限。

●除了福木之外，也可選擇黃金扁柏、榕柏等枝葉茂密、葉片厚大的樹種。

●若不便種樹，也可以盆栽替代。但盆栽下方須特別墊高，且墊高後須高於人的身長，方具化煞效果。

Chapter 2

內格局

如果將陽宅視為人體，
我們每天進出必須經過大門。
陽宅大門就如同人的嘴巴，
如果吃進的食物清潔，身體就會健康；
但如果吃進的食物不潔，就會生病。

陽宅的走道、通道，就如同人的呼吸系統。
如果走道暢通，呼吸順暢，必定身強體健；
但如果走道不通，人體氣的運行也必定不順，百病叢生。

如果陽宅就像一個人，
那麼一旦住家出現缺角，就像一個人生病、受傷一樣。
試想，一個生病、受傷的人怎麼可能快樂、健康地生活呢？
所以選擇好的居家環境及陽宅，
不僅可以增加財運，還能求得健康平安，非常重要。

陽宅門面

外圍布滿藤蔓攀爬

瘋臉煞

影響說明

若陽宅前方布滿藤蔓植物，形如蓬頭垢面，則稱為「瘋臉煞」。居住其中者，易有難病、精神疾病，求醫不易治癒。

化解方法

可挑選《農民曆》中的開光、祈福、安神等吉日將藤蔓消除。

開運技巧

- 從風水角度來著，「柳樹」及「芭蕉」兩者皆屬招陰植物，千萬不可種植。

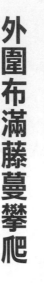

陰煞屋

影響說明

若陽宅門面或屋前長滿藤蔓植物、青苔，是因陽光不易照射、潮濕的原故，所以容易有靈體靠近，故稱為「陰煞屋」。

化解方法

可依《農民曆》中的開光、祈福等吉日來將藤蔓消除，讓陽光普照，一切自可化解。

開運技巧

● 一般來說，若因陽光不易透進，使得陽宅外圍長滿藤蔓的話，居住其中者，運勢幾乎都會受到影響。但倘若藤蔓沒有爬滿牆面，仍有陽光可以透進的話，則影響不大。

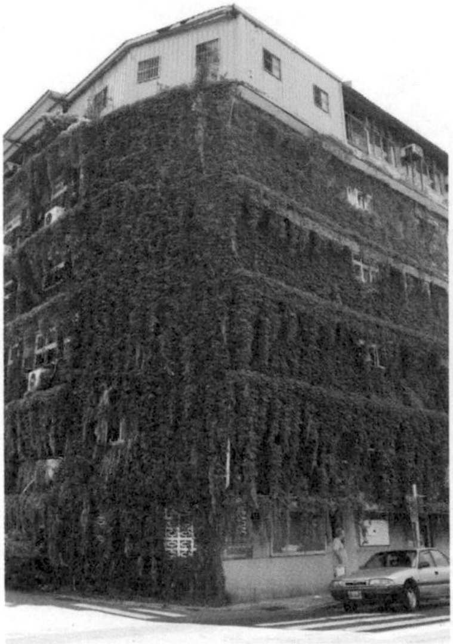

桃花煞

影響說明

若陽宅外圍有爬藤類的花朵越過圍牆，則稱為「桃花煞」。居住其中者，易有外遇，出現第三者。

化解方法

不需化煞物品，僅需將爬藤類的花朵剪除即可。

開運技巧

- 原則上，無論花種為何，只要開得愈繁盛，此煞的影響就愈大。甚至，有些花朵開出後，還會結果，代表男、女主人不僅易有外遇，還可能與外遇對象生下小孩。這種情況多半發生在陰宅，如先人墳旁可能種有芭樂樹，一旦開花結果，陽世子孫便易有外遇，或與外遇對象生下孩子。但只需將花朵或樹木砍除即可化解。

外觀年久未修

退氣煞

影響說明

若陽宅年久失修，殘破不堪，則稱為「退氣煞」。居住其中者，主家道中落，財不易聚。

化解方法

不需化煞物品，僅需重新裝潢、整修即可。

開運技巧

- 退氣煞亦稱為「破敗煞」。
- 部分陽宅會於屋頂加裝天窗，希望讓更多光線透進。但光線太強，也會使得居住其中者無法妥善休息，易有腦神經衰弱等問題。建議可加裝一層可控制的布縵捲軸。必要時，隨時將布縵拉上。

截面煞

影響說明

若陽宅整修時，切挖到房屋門面，導致陽宅損壞，一旦年久失修，則形成「截面煞」。居住其中者，主病體，或易有頭部疾病。

化解方法

不需化煞物品，僅需重新整修門面即可。

開運技巧

- 門面的顏色、材質、單扇或雙扇對風水的影響不大。例如早期眷村也經常以紅色或深綠色來作為門面顏色，並不會對風水造成影響。
- 有時會有人在陽宅門外吊掛風鈴（掛在門內除外），但風鈴鈴聲與招魂時的引魂搖鈴相近，容易招來鬼魂聚集。且風大時，鈴聲不時在耳邊作響，居住其中者也無法妥善休息，易有腦神經衰弱等問題。倘若吊掛無風吹動的窗邊，僅作為裝飾則無妨，但若窗邊不時會有風吹動，同樣易有腦神經衰弱等問題。

陰煞屋

影響說明

若陽宅久無人居，荒廢許久，光線已被蔓生的樹木遮蔽，終年不見天日，易有靈體靠近，則稱為「陰煞屋」。

化解方法

不需化煞物品，僅需修整陽宅內外，修剪或砍除樹木，使光線能透進屋內即可。

開運技巧

- 早期沒有納骨塔，多為土葬。一旦墳墓年久失修，鬼魂無容身之處，便會躲到無人居住的空屋。空屋因為無人活動，陰氣較重，所以成了靈體喜歡聚集或靠近的地方。

外觀退色、剝落

退臉煞

影響說明

若陽宅門面或外圍出現褪色、瓷磚剝落，形如臉上脫妝，則稱為「退臉煞」。居住其中者，主運勢衰弱，事業不順。

化解方法

不需化煞物品，僅需重新裝潢、修整門面即可。

開運技巧

- 退臉煞亦稱為「退運煞」。
- 若陽宅外圍瓷磚脫落，修補時，請選擇同款瓷磚，避免牆面出現過多顏色。倘若因建物年代久遠，找不到同款瓷磚，建議將整面瓷磚全部打掉，重新修整。
- 常見營業場所使用整片鐵製捲門，只要按鈕一按，便捲至上方。這類鐵製捲門雖對風水不會造成影響，但若長年風吹日曬，加上不時會被路經的人車碰撞，使得油漆脫落，出現鏽化情形，也會影響陽宅運勢。這時只需將鏽處刮除，再重新上漆，即可免除這層疑慮。

陽宅大門

大門打開面前遇牆

開門碰壁煞

影響說明

若陽宅大門打開會碰到牆壁，兩者距離過近，則稱為「開門碰壁煞」。居住其中者，主事業、工作、財運不興。

化解方法

1. 可在大門面對煞方處，掛上「大船入港圖」，象徵一帆風順。但請注意，船頭須朝向門內，方可化煞。
2. 可在陽宅玄關處，掛上財神圖或觀

音法像，並在畫上加裝燈光，長期照亮。

3. 因為牆壁堅硬，故可在開門碰壁的那道牆下，種植柔軟的藤蔓類植物，或是不易凋謝的植物化煞。

4. 可在陽宅玄關處，掛上經開光的八卦桃木獅咬劍化煞。

5. 可在面對煞方處，安放一對經開光的貔貅或蟾蜍，代表咬財進門。但請注意，擺設貔貅或蟾蜍時，頭部須面向煞方。倘若煞方正對陽宅明堂，也可置於陽台兩側。

開運技巧

- 一般陽宅風水吊掛的行船圖，會選擇壯觀的大船圖，而不會選擇一葉扁舟。
- 陽宅大門可分成「外門」及「內門」。外門為了安全及美觀，多半會以鐵製材質做成鏤空設計；內門則為實體門面。在這種情況下，外門自然是向外推，內門是朝內開。陽宅風水上，真正會對內部磁場產生影響的，通常是實體的那扇門（內門）。因為在朝內（家中）拉的同時，氣場也會跟著進到家中。同理，倘若是營業店面，門向也建議朝內為佳。
- 部分風水專家認為，左側掌管錢財，右側掌管人事，故建議將外門的口開在左側。但最正確的做法，應先以羅盤判定陽宅坐向，再由專業風水師判斷大門開口方向為佳。

巷道狹小，對門距離近

開門碰壁煞

影響說明

若陽宅位在寬度四公尺的狹窄巷弄，兩側大門緊貼或相對，則稱為「開門碰壁煞」。居住其中者，主運勢低落、工作不順、財運不佳。

化解方法

1. 可加強進門玄關處的催財水流擺設。
2. 可依五行八卦方位的擺設來改善室內磁場。比方說，陽宅坐北朝南，可在東方、東南東、東南南、西北西擺設紅、黃、白色物品；陽宅坐東朝西，可在東北北、西南西、西北北擺設紅、黃、白色物品。

開運技巧

- 所謂「玄關」是指進門遇見的第一道牆到門口之間所夾的範圍。可在進門第一道牆處，擺放有助催財的水流。但請注意，水流的流向必須朝著陽宅內部。
- 一般不會在催財水流裡養魚，因魚恐會卡在活動水流的氣孔中，故不建議。

開門可見橋柱

開門碰壁煞

影響說明

若陽宅、公司開門可見橋樑、柱子，則稱為「開門碰壁煞」。居住其中者，主事業、財運不順。若公司、店家開門便見橋墩，主年格一到，生意不順，嚴重者恐倒閉。

化解方法

1. 可在面對橋樑、柱子處，種植福木以遮擋橋樑。
2. 可在橋樑、柱子四周種滿藤蔓化煞。
3. 可在橋樑、柱子上，以紅漆繞畫三圈，並在陽宅所對的樑柱壁面，另以紅漆寫上「見我發財」四字。
4. 可在面對煞方處外牆，掛上經開光的八卦桃木獅咬劍化煞。

開運技巧

- 除了福木之外，也可選擇黃金扁柏、榕柏等枝葉茂密、葉片厚大的樹種。經由風吹，產生波動，當煞氣侵入時，會因為折射而降低其嚴重性。
- 台灣鄉間有時可見電線桿上，會以紅漆寫著「見我發財」四字，同樣是基於上述三的化煞原理。
- 桃木本身便具化煞功能，但使用八卦桃木獅咬劍前，仍須請專業風水師或法師根據《農民曆》中的吉日，開光持咒。

開門可見橋下牆面

開門碰壁煞

影響說明

若陽宅、公司開門可見橋墩或橋面，且距離在四公尺以內，則稱為「開門碰壁煞」。居住其中者，主財運欠佳；若為公司，恐事業不順、生意不佳。嚴重者，財運衰退、破財連連。

化解方法

1. 可將陽宅改建成修車場或汽車保養場。因車在五行中屬金，橋面屬土，土來生金為吉。
2. 可在進門玄關處，擺放有助催財的水流。但請注意，水流的流向必須朝著陽宅內部。

3. 可在橋墩或橋面上畫山水畫。但請注意，水流的流向必須朝著陽宅內部。如此一來，不僅可以增加財運，也具有化煞效果。

開運技巧

陽宅風水上，有些煞可以利用活動水流化解，有些煞卻又可以藉由山水畫化解，兩者的差別在於：

化煞	說明	效果	注意事項
活動水流	煞氣經由水波折射後，可降低其嚴重性	具實際擋煞效果	水流方向須朝著屋內
山水畫	多半用在與陽宅水路流向有關的煞氣，可利用畫的意念來增強效果	不具擋煞效果	水流方向須朝著屋內

大門位於樑下

穿心煞

影響說明

若陽宅大門的出入方向同樑的方向，且大門位於樑的下方，則稱為「穿心煞」。居住其中者，主破財、口角、是非。

化解方法

1. 可在樑的下方掛上經開光的葫蘆，並將蘆口朝上，取其收妖制煞之意。
2. 可在樑的下方掛上經開光的洞簫，取「簫」音同「消」（消除、抵銷）之意。

開運技巧

- 坊間葫蘆款式各樣，有些附有蓋頭，有些則無，但兩者皆可。大約每隔一年，可以帶去平時常走動、讓自己感到安心且香火旺盛的廟宇，重新再過爐火。

大門位在三曜方

大門小人煞

影響說明

若陽宅大門位處三曜方，則稱為「大門小人煞」。居住其中者，易有破財、小人、是非。

化解方法

1. 可以將經開光的洞簫掛在大門內側。若門上有樑，也可直接掛在樑上化煞。
2. 小人煞可將經開光的銅風鈴掛在大門內側。若門上有樑，也可直接掛在樑上化煞。

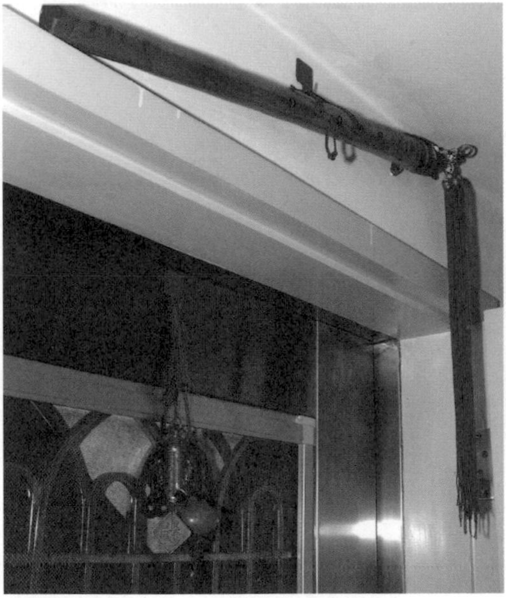

開運技巧

- 大門小人煞亦稱為「大門劫財煞」。
- 所謂「三曜方」即正曜方、天曜方、地曜方。《八煞歌訣》中提到，「艮虎離豬是曜煞」，艮為土，虎為寅，寅為木，木又剋土；離為火，豬為亥，亥為水，水又剋火。
- 以住屋為點而外的三曜方，若煞位與陽宅中人的生肖相合，即為「正曜」，無解。所謂「天曜」，主病體、意外血光。可參考第二十頁「八卦病體煞」所述，了解不同方位所對應的疾病。所謂「地曜」，主官司、糾紛。
- 有人會將風鈴掛在門上，作為出入時的警示，因此可利用風鈴來防範小人。雖然風鈴材質不限，但建議選擇銅製風鈴，以防破裂損壞。

大門直對後門或後窗

穿堂煞

影響說明

若陽宅大門正對後門或後窗，前門通後門，形成穿堂風，旺氣直瀉而出者，則稱為「穿堂煞」。居住其中者，主破財，財不易聚，且心臟容易出現問題。

化解方法

只需在大門與後門，或是大門與後窗間，擺放屏風或是裝上活動拉門遮擋即可。

開運技巧

● 利用屏風遮擋時，屏風高度必須等同陽宅挑高。而屏風的屏身可以使用透光材質（如布類），但不可出現鏤空或縫隙。若有鏤空或縫隙，只要在其中一側貼上透明玻璃或毛玻璃即可。

大門對著向下樓梯

洩氣煞

影響說明

若陽宅大門對著電梯或向下樓梯，旺氣一洩千里，則稱為「洩氣煞」。居住其中者，主破財、運勢不興。

化解方法

1. 可在大門與樓梯或電梯間，擺放福木盆栽。
2. 可以設置玄關，避免大門一開便直沖下樓。
3. 可在大門與樓梯或電梯間，擺放圓形瓷器（圓形花瓶），緩解旺氣流失。
4. 可在電梯兩側門上，各貼一張財神爺圖像。

開運技巧

- 若陽宅大門是對著向上樓梯，這時氣場是匯集到陽宅所在，並不屬「洩氣煞」。
- 若陽宅大門與樓梯間，不便擺放圓形瓷器或盆栽，可將經開光的八卦桃木獅咬劍掛在大門外側上方化解。

兩戶大門相對

鬥門煞

影響說明

若陽宅兩戶相對，形成大門吃小門，旺門贏衰門，則稱為「鬥門煞」。

化解方法

可在陽宅門口掛上一幅門神圖，或是彌勒佛照片，或是讓人看了會發自內心覺得開心的照片化煞。

開運技巧

- 讓人發自內心開心的照片，可以是動物照片、偶像照片、漫畫等，內容不限，只要是能發自內心感到開心的即可。
- 倘若相片中的動物、人物已往生，則不建議。
- 近來許多新建社區，每戶大門的設計、規格尺寸皆相同。若是這種情況，兩門雖相對，但不屬鬥門煞，卻容易犯口舌問題。

大門正對電梯

開口煞

影響說明

若陽宅大門正對電梯，因電梯一開一閉形成煞氣，故稱為「開口煞」。居住其中者，主破財、病體、口角。

化解方法

1. 可在電梯兩側門上，張貼讓人看了會發自內心覺得開心的照片。
2. 可在陽宅大門與電梯間，擺放屏風或福木等盆栽化煞。

開運技巧

- 只要能讓人發自內心開心的照片皆可，像是動物照片、偶像照片、漫畫等，內容不限。若相片中的動物、人物已往生，則不建議。
- 因電梯屬公有設施，若不便張貼照片，也可在陽宅大門或其上方，掛上經開光的八卦桃木獅咬劍化煞。

陽宅地下室

建造水池

陰煞地

影響說明

若在陽宅地下室建造水池，主招陰，故稱為「陰煞地」。因水在五行屬陰，且地下室光線昏暗，易招來靈體，使得居家不寧。

化解方法

可以燈光加強水池照明，以化解陰氣。黃光、白光不限，但建議還是不建造水池為佳。

開運技巧

● 若陽宅通風採光不佳，則不建議建造水池。若已建造，也可將水抽乾，不再使用，但此法僅可緩解，無法化煞。

陽宅臥室

床頭上方有樑橫跨

壓樑煞

影響說明

若床頭上方有樑橫經，則稱為「壓樑煞」。臥於下方者，易有腦神經衰弱、頭痛、失眠等問題。

化解方法

1. 可利用室內裝潢的方式來修飾樑的邊角化煞。
2. 可在樑下放置床頭櫃，或利用布縵遮擋樑及樑下空間即可。

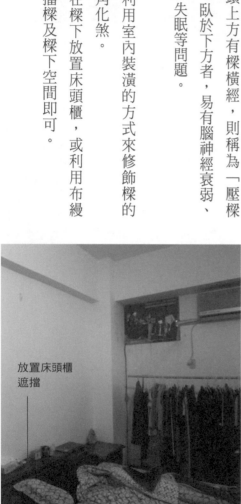

開運技巧

● 利用裝潢方式將樑下空間填平，是化解壓樑煞的最佳方法。倘若執行上有難度，也可以利用小型飾品來修飾邊角，但效果有限。

● 如書中以假樹葉來修飾邊角。若就材質進一步細分，有些假樹葉是以紙漿、布類製作，有些則是以塑膠製作。以紙漿、布類製作的假樹葉，其原料是取自具生命力的樹木，所以不會衍生其他風水上的問題。但若是選擇不具生命力的塑膠材質，則可能衍生其他風水上的疑慮。

床頭側邊擺放化妝台

鏡面煞

影響說明

若陽宅進門正對鏡子，或臥室鏡子照到床鋪、照到房門，則稱為「鏡面煞」。居住其中者，易受驚嚇，導致腦神經衰弱。

若床頭旁擺放化妝鏡，不僅會影響睡眠品質，也會導致腦神經衰弱。

化解方法

不需化煞物品，僅需將鏡子的擺向與床頭平行，不要照到床鋪即可。

開運技巧

- 若鏡子不便移動，最簡單的方法，就是沒有使用時，以布遮蓋即可。至於布的顏色、花色則無特殊限制。

床頭後方為廁所或廚房走道

破腦煞

影響說明

若陽宅臥房、床頭後方為廁所或廚房走道，則稱為「破腦煞」。臥於下方者，易有腦神經衰弱，或犯小人。

化解方法

不需化煞物品，僅需改變床頭方向即可。

開運技巧

- 臥室天花板的燈，不宜裝設在床鋪上方，否則身體容易產生病痛。比方說，燈對到頭部，頭部易痛；對到胸部，胸口易悶；對到腹部，腹部易痛等。
- 燈飾設計得愈尖銳、華麗，對風水的影響愈大。所以，臥室宜選設計簡單的燈飾，並安裝在床尾位置最佳。至於顏色不限，白燈、黃燈皆可。

床頭後方有窗戶、走道

小人煞

影響說明

若臥室床頭後方為窗戶、走道，則稱為「小人煞」。臥於其中者，不僅易犯小人，也容易遭人是非。

化解方法

不需化煞物品，僅需改變床向，或將床頭後方的窗戶封閉即可。

開運技巧

● 也可在床頭後方的整面壁面上，加裝自動窗簾。睡覺時整面關上，醒來後整面拉開，如此一來，既可避免「小人煞」，又不至於影響臥房通風採光。

床頭後方裝設冷氣

吵鬧煞

影響說明

若臥室床頭後方設有冷氣機、風扇或抽風機，則稱為「吵鬧煞」。因運轉時的聲音會影響頭部思考。臥於其中者，易有頭痛、失眠、腦神經衰弱等問題。

化解方法

不需化煞物品，僅需將冷氣機、風扇安放在離床頭較遠的位置即可。

床位後方為窗戶

床頭煞

影響說明

若臥室床頭後方為窗戶，則稱為「床頭煞」。臥於其中者，主犯小人，且易有腦神經衰弱、失眠、睡眠品質不佳等問題。

化解方法

不需化煞物品，僅需更換床頭方位，或將床頭後面窗戶填平即可。

開運技巧

● 若光只是將窗戶填平，可能有礙美觀。建議可以畫作裝飾，或是在床頭後方加裝整面自動窗簾，睡覺時整面拉上，醒來後又可整面拉開。如此一來，既可避免「床頭煞」，又不至於影響臥房通風採光。

書桌上方有樑橫切

壓樑煞

影響說明

若陽宅書桌、床頭、神桌上方有樑橫切，形如泰山壓頂，則稱為「壓樑煞」。居住其中者，主頭痛、坐立不安、情緒不穩。

化解方法

不需化煞物品，僅需避開樑柱下方即可。

開運技巧

● 坊間有一說法，認為書桌椅子應選擇固定式的，才能靜下心來學習。但實際上，無論是滑動式的椅子，或是固定式的椅子，皆不會對風水構成影響，或導致學習上的問題。

鏡子照床

鏡面煞

影響說明

若陽宅臥房裡的鏡子照床，或是床鋪正對鏡子，則稱為「鏡面煞」。居住其中者，易有睡眠品質不良的問題。

化解方法

不需化煞物品，僅需在鏡前加裝活動布簾即可。

開運技巧

- 若在臥室梳妝台上擺放小型立鏡，雖不會對風水造成太大影響，但仍建議不使用時，應收起來。
- 除了鏡子之外，所有可以反射影像的介面（如書櫃、酒櫃等），同樣會造成影響。擺設及裝潢時，請多加留意。

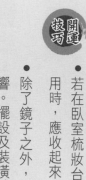

房門相對

口舌煞

影響說明

若陽宅中，出現房門相對的情況，則稱為「口舌煞」。居住其中者，主口角，易有意見不合、時常爭執的情況發生。

化解方法

1. 可在其中一房，或兩房門口掛上厚重布縵。長度須由上開始至離地一尺處。
2. 可在其中一房，或兩房門口掛上兩人開心的合照。
3. 可在其中一房，或兩房門口掛上讓人看了會莞爾一笑的照片。

開運技巧

- 布縵之所以須離地一尺，乃因氣遊走於地表一尺以上，必須留有空間，讓氣得以順暢流通，才不至於讓穢氣影響生活起居的空間磁場。
- 若兩門相對的其中一房為長輩房，也代表長輩與晚輩間，易多口舌及爭執。

陽宅客廳

以人造樑裝飾

壓樑煞

影響說明

若辦公桌、書桌、神桌、客廳沙發等位在人造樑下，久居易形成壓力煞氣，故稱為「壓樑煞」。居住其中者，易有頭部疾病。

化解方法

1. 只需避免在樑下活動即可。
2. 可以利用裝潢的方式，將頭頂或上方的樑柱包覆即可。

開運技巧

樑柱是陽宅固有結構，但有關樑柱的化煞方法各家不同，在此釐清如下：

方法	說明
於樑柱下掛麒麟踩八卦	無效，因樑柱依舊存在，有形必有靈，故不建議。
於樑柱下掛貔貅	無效，因樑柱依舊存在，有形必有靈，故不建議。
於樑下裝鏡子	無效，鏡子反倒會放大樑柱，不建議。
於樑下兩端放置水晶柱	可降低影響，但樑柱依舊存在，應避免於樑下進行任何作息。
於樑下裝設崁燈	無效，因樑柱依舊存在。
以裝潢方式包覆樑柱	可降低影響，但樑柱依舊存在，應避免於樑下進行任何作息。

用來裝潢崁燈的突出物

庄頭煞

影響說明

若陽宅客廳以崁燈裝潢，而這裝潢的突出物即構成「庄頭煞」。坐在下方，易使人頭暈、頭痛，無法久坐或頸肩不適。

化解方法

不需化煞物品，僅需避開橫樑或突出物下方，甚至拆除即可。

開運技巧

● 倘若不便拆除，也可以裝潢方式將突出物拉平。或是利用布縵抓折的美化方式，將突出物遮住。

客廳沙發背對大門

小人煞

影響說明

若陽宅客廳的沙發背對大門，則稱為「小人煞」。居住其中者，主是非，易犯小人，或遭人中傷、閒言閒語。

化解方法

1. 可以建造玄關的方式，避免進門便一眼望穿內部格局。
2. 可在大門與沙發間擺放屏風。
3. 可以改變沙發座向，避免背對大門。

開運技巧

- 利用屏風遮擋時，須留意的是，陽宅挑高多高，屏風就必須做多高。而且屏風上不可出現鏤空或縫隙，若出現鏤空或縫隙，可在其中一側貼上透明玻璃或毛玻璃。原則上，屏風可以透光，但不可以出現鏤空或縫隙等穿透。
- 若沙發坐向不易更動，也可以紅紙黑字寫上「泰山石敢當」，再貼於沙發後方緩解。倘若紅紙黑字已經破損，則須重新更換。但此法僅可做到緩解，無法完全化煞。建議還是以建造玄關或改變沙發坐向為佳。

一入門便是客廳

破財煞

影響說明

大門入口的對角位置為一次要財位，俗稱「明財位」。若陽宅進門便可一眼看清內部格局，彷彿財位被人看光，則稱為「破財煞」。居住其中者，主破財，或易有財務糾紛。

化解方法

可在大門與客廳間，建造L型玄關化煞。

可以建造L型玄關，再放上流動水飾品

開運技巧

- 擺放在陽宅客廳、臥室中的沙發材質、顏色、數量不會對風水造成影響。選購時，可依自己的需求和喜好，添購適合的沙發。
- 每戶陽宅皆應設有玄關，因為陽宅的進門對角，即所謂「明財位」。若無玄關緩衝，一進門直見窗戶，便形成穿堂。但請注意，建造玄關時，須單側靠牆且從頭做到底，以免大門的氣場流竄，導致財不易聚。

位於騎樓上方

懸空煞

影響說明

若陽宅中的臥室、客廳、辦公處位在騎樓上方，則稱為「懸空煞」。

居住其中者，主不吉。因地球乃一大磁場，且人體血液中含有鐵質，必定受地球磁場影響，使得睡眠無法安穩，容易心浮氣躁、腦神經衰弱。

化解方法

1. 可將懸空的空間，作為日常不重要的空間使用。
2. 可在懸空處種植福木等盆栽，但建議還是搬遷為宜。
3. 可在懸空處擺放流水飾品，並加裝造霧器，透過水波折射原理來改善磁場。但建議還是搬遷為宜。

開運技巧

●懸空的空間可作為日常生活不重要的空間使用。比方說，儲藏室、陽台等，但須避免作為臥房、書房等常用空間。

●除了福木之外，也可選擇黃金扁柏、榕柏等枝葉茂密、葉片厚大的樹種。經由風吹，產生波動，當煞氣侵入時，會因為折射而降低其嚴重性。但請注意，盆栽下方須特別墊高，且墊高後須高於人的身長，方具化煞效果。

陽宅廚房

瓦斯爐設在後陽台上

懸空煞

影響說明

早期公寓因為居住空間有限，會將後陽台作為廚房使用，故稱為「懸空煞」。所謂「酒肉穿腸過，無災想有禍」，居住其中者，主病體、破財。

化解方法

不需化煞物品，僅需將廚房移回室內即可，否則難解。

開運技巧

- 若陽宅位處一樓，且將廚房設在後陽台，但陽台下方有水溝流經，即所謂「酒肉穿腸過」，居住者易有腸胃或破財問題。二樓以上樓層，同樣會受到影響。

瓦斯爐上方壓樑

破財煞

影響說明

陽宅廚房屬「暗財位」。若廚房瓦斯爐上方有樑橫經，彷彿財位被樑壓制，形如家中財務面臨壓力，甚至破財，故稱為「破財煞」。居住其中者，女主人易有婦科、子宮問題。

化解方法

1. 不需化煞物品，僅需填平樑下空間即可。
2. 不需化煞物品，僅需將瓦斯爐往前移，避開樑下即可。

開運技巧

● 古時認為，女性代表妻財，所以娶妻必須娶德，如此家中錢財方能守得。且一般下廚者多為女性，所以女性的婦科子宮易受影響。倘若是男主內、女主外，則須當心男主人的腎臟易有問題。

冰箱正對瓦斯爐

胃腸煞

影響說明

若陽宅廚房的冰箱開口正對瓦斯爐，則稱為「胃腸煞」。因冰箱屬水、瓦斯屬火，水火剋，食物易腐敗。居住其中者（尤指女主人），易有胃腸問題，甚至影響血液循環。若有年老長輩，務必當心。

化解方法

1. 不需化煞物品，僅需轉換冰箱開門方向即可。
2. 可將冰箱擺在餐廳，避免與瓦斯爐火相剋。

若瓦斯爐（屬火）對著冰箱（屬水），食物易腐敗，導致腸胃問題

開運技巧

- 基本上，冰箱必須具備足夠的冷氣才能保存食物，讓食物維持在新鮮狀態。但冰箱愈大，儲藏的食物愈多，所需冷氣也就愈強，一旦與瓦斯爐爐火相對，食物也愈容易敗壞，所以對腸胃的影響也愈嚴重。

陽宅廁所

廁所門直對床鋪

廁所沖床煞

影響說明

廁所是排放穢物的氣場。若廁所門直沖床鋪頭的位置，易頭痛；直沖胸部位置，易胸悶、肩頸痛；直沖胃部，胃腸易出問題；直沖腹部以下，易有腎臟、子宮病變；直沖腳部，易腳痛等。

化解方法

可在廁所門與床鋪之間，安裝拉門或擺放屏風，並在廁所門口掛上離地一尺的布縵，以化解陰濕之氣。

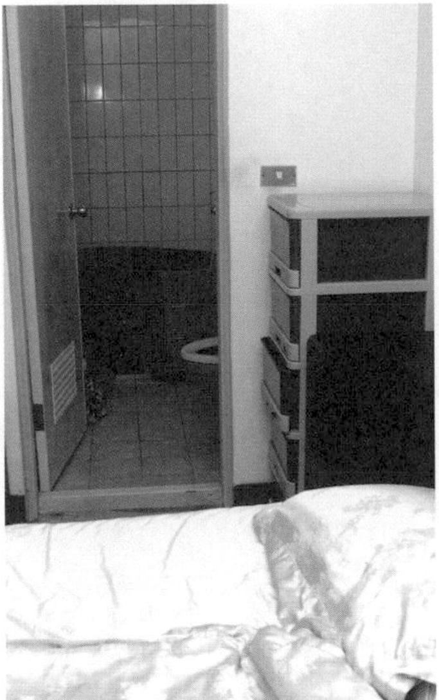

開運技巧

- 利用屏風遮擋時，屏風高度必須等同陽宅挑高高度，且不可出現鏤空或縫隙。原則上，屏風的屏身可以透光，但不可以出現鏤空或縫隙。若出現鏤空或縫隙，可在其中一側貼上透明玻璃或毛玻璃。
- 現代裝潢中，常見陽宅廁所以「暗門」設計。但若以「暗門」化煞，須在廁所中另外安裝鹽燈。因鹽具化煞效果，藉由燈的熱能，可以揮發到空間各處。此外，還需種植容易栽種的藤蔓類植物（如黃金葛等）。

廁所位居陽宅中心

廁所入中宮

影響說明

將陽宅劃分成九宮格來看，若廁所位在中心位置（中宮），則稱為「廁所入中宮」。中宮五行屬土，而廁所為排水，但水主財，形成土剋水。居住其中者，主病體、破財，且財不易聚。家中長者容易出現心血管問題，年輕人容易出現腸胃問題。

化解方法

1. 準備火爐一個，上置三根木炭，且每根木炭中間都以紅紙包覆，並將火爐開口朝向馬桶即可化煞。
2. 可在廁所內裝設鹽燈、種植容易栽種的綠色植物（如黃金葛），盡可能保持通風順暢，以減少潮濕及陰氣，並且另在廁所門口掛上離地一尺的布縵化煞。

開運技巧

- 廁所入中宮亦屬「破財煞」之一。
- 因此煞為廁所處於陽宅正中央位置，故即便以「暗門」裝潢也效果有限，甚至無效。最好的方法，還是以鹽燈、植物、布縵來加以化解。鹽具化煞效果，藉由燈的熱能，可以揮發到空間各處。

馬桶正對廁所的門

隱疾煞

影響說明

若馬桶坐向正對廁所的門，則稱為「隱疾煞」。居住其中者，男性易出現陽痿、早洩等腎臟問題；女性易罹患子宮病變等婦科問題。

化解方法

不需化煞物品，僅需改變廁所門向或馬桶坐向即可。

開運技巧

● 若無法改變廁所門向或馬桶坐向，也可在廁所內裝設鹽燈，並種植容易栽種的綠色植物（如黃金葛）緩解。

衛浴系統顏色雜亂

桃花煞

影響說明

若陽宅衛浴空間使用過多花色裝飾，則稱為「桃花煞」。因廁所主泌尿器官，一旦花色雜亂多樣，居住其中者，主家中男、女主人易思緒不清，而做出外遇等違背常理之事。

化解方法

不需化煞物品，僅需將顏色改為在視覺上較舒服的單色、素色即可。比方說，白色、淡灰色、乳白色等。

浴室以單色、素色為佳

開運技巧

- 衛浴空間不宜以紅色系裝飾，其中也包括粉紅色。因為紅色屬火，易使人性情暴躁，即使是臥室，也不建議採用紅色系。
- 常見未婚女子為求得姻緣，特意選用紅色系來裝潢臥室，但這樣的做法，不僅容易使得性情暴躁，還會招來爛桃花糾纏。因此，若想求得好姻緣，建議可將枕套、被套改換成有鴛鴦圖像的款式。
- 每戶陽宅的正東、正西、正南、正北為四色桃花位。女性若想求得好姻緣，可在四色桃花位擺設插有玫瑰或百合的瓷瓶。但請注意，一旦桃花催來，務必將瓷瓶撤走，以免成為爛桃花。

廁所沒有窗戶

陰濕煞

影響說明

若廁所為密閉空間，沒有窗戶，則稱為「陰濕煞」。居住其中者，易有呼吸器官、肺部、皮膚過敏等問題。

化解方法

可在廁所內裝設鹽燈，並種植容易栽種的綠色植物（如黃金葛）化煞。

開運技巧

- 就現有空間，直接在廁所內裝設鹽燈、擺放綠色植物是比較便利的做法。但最好能二十四小時開啟抽風設備，並且安裝除濕機，以降低濕氣，化解陰氣。
- 鹽燈的效果在於，因鹽具化煞效果，藉由燈的熱能，可揮發到空間各處。

在兩間緊鄰的廁所牆面開窗戶

穿腸煞

影響說明

若兩間廁所相鄰，並在隔間的牆面做上窗戶，則稱為「穿腸煞」。因為兩間廁所排放的廢氣互通，居住其中者，易有胃腸、腹痛、便祕等問題。

化解方法

1. 可加裝通風設備，讓廢氣排出。
2. 可在廁所內裝設鹽燈，並種植容易栽種的綠色植物（如黃金葛）化煞。

兩間緊鄰的廁所，可以加強通風排氣

開運技巧

- 部分陽宅基於美觀，或追求空氣流通，會在廁所內裝設多扇窗戶。就風水角度來看，廁所窗戶的數量，不會對居家風水造成嚴重影響。
- 鹽燈的效果在於，因鹽本身具化煞效果，藉由燈的熱能，可以揮發到空間各處。

熱水氣安裝於室內

奪命煞

影響說明

若將熱水器安裝在室內，則稱為「奪命煞」。居住其中者，可能因為通風不良、廢氣排放不當，而導致一氧化碳中毒的現象。安裝時，務必謹慎當心。

化解方法

不需化煞物品，僅需將熱水氣改裝在室外通風處即可。

佛堂樓層或安置位置不當

陰陽煞

影響說明

若將佛堂隨意安置在陽宅中的任一空間，則稱為「陰陽煞」。如同陽世之人與往生之人同處一室，陽盛陰衰、陰盛陽衰，易使家中之人容易患病。

化解方法

可將佛堂另設一獨立空間，或安置在頂樓。

開運技巧

- 所謂「獨立空間」非指獨立房間，而是神桌兩側距離另外起居空間，須符合文公尺上的吉字，以免相互干擾。
- 若陽宅為透天房屋，宜將佛堂安設在頂樓，可免於與陽世人們相互干擾。

龍虎煞

影響說明

若佛桌兩側距離其他起居空間，不符合文公尺上的吉字時，則稱為「龍虎煞」。居住其中者，主破財，易有兄長、婆媳等家人失和的現象。

化解方法

宜將神桌安置在獨立空間，並參考文公尺上的吉字，重新調整龍虎兩側的距離。

開運技巧

- 風水除了立基於陽宅學外，也必須搭配陰宅學的基礎，兩者相輔相成，才是真正有效的風水堪輿。因此，若陽宅祖先及神桌安置得宜，對家運極有幫助。

神桌後方為樓梯、電梯、走道

小人煞

影響說明

若神桌或神龕後方為樓梯、電梯或走道，則稱為「小人煞」。居住其中者，易有背部問題，或是犯小人，遭人中傷。

化解方法

先在神桌或佛龕後方貼上紅紙，再掛上或貼上八卦羅盤。完成後，外圍請木工裝潢包覆即可（神龕或神桌的上方可以不封）。

開運技巧

● 貼在神桌或神龕後方的紅紙不需寫字，但神桌或神龕的面積多大，紅紙就必須張貼同等大小。

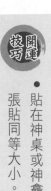

神桌後方為廁所或廚房

破財煞

影響說明

由於廁所是人類排泄體內廢物的地方，廚房是燒菜煮飯的地方。若將神佛、祖先安置在這樣的場所，會形成前吃後拉，財不易聚，賺多少花多少，永遠無法留住錢財的問題。

化解方法

建議請專業風水師實地勘察陽宅情況後，再加以調整。

開運技巧

- 若神桌後方為臥室，恐犯「姻緣煞」。可改由六十五歲以上長者，或是十五歲以下青少年及兒童居住。

神桌後方為主人房或適婚男女的房間

姻緣煞

影響說明

由於神佛、祖先是神聖的，若將臥室安排在神桌後方，則稱為「姻緣煞」。臥於其中者，若為夫妻，易生口角、離婚；若為未婚男女，則易錯過姻緣。

化解方法

可將神桌後方臥室，改換成六十五歲以上長者，或是十五歲以下青少年及兒童居住。

開運技巧

● 若神桌後方為臥室，可在神桌與臥室間，另外隔出符合文公尺上吉字的假牆，作為靠山。而這人工隔出的假牆內部，可以作為收納空間使用。如此一來，既能改善風水，有能節省空間。

小套房或雅房

床墊直接擺在地上

陰濕煞

影響說明

若臥室床鋪沒有床架，而是直接將床墊放於地板，致使地面濕氣影響身體，則稱為「陰濕煞」。居住其中者，易有頭痛、筋骨酸痛、睡眠品質不良等困擾。

化解方法

1. 不需化煞物品，僅需加裝木板墊高即可。
2. 可以雙層床墊改善。

套房或雅房開門直見床鋪

沖床煞

影響說明

一般套房或雅房的空間不大，一進門很容易就直接看見床鋪，造成門沖床，故稱為「沖床煞」。居住其中者，若為夫妻，易感情失和。此外，若開門對到床頭，易有頭痛；對到胸部，易有胸悶；對到腹部，易有腸胃、腰部、子宮等問題；對到床尾，易有腳部問題等。

化解方法

1. 不需化煞物品，僅需改變床向即可化解。
2. 可在門內與床鋪間，加裝活動布簾或活動屏風，只要睡覺時拉上即可。

床位面向瓦斯爐

火爆煞

影響說明

瓦斯爐、廚房五行屬火，若床位面向瓦斯爐，或是緊鄰廚房，則稱為「火爆煞」。臥於其中者，易有性情不穩、脾氣暴躁、睡眠品質不佳等問題。

化解方法

1. 不需化煞物品，僅需改變床向，或是改變瓦斯爐位置、廚房出入口的方向即可。
2. 臥室牆面可以設置深咖啡色系的衣櫥。因深咖啡色五行屬水，水剋火，故可化解。

宅運開宅法　搬家儀式

新居喬遷時，為了日後可安居樂業、順順利利，所以良辰吉日的挑選很重要，可以查閱《農民曆》參考。

正沖歲屬的人、偏沖歲肖的人，選擇搬家日時要注意，避免與家人有所沖煞。孕婦也不宜觀禮。

一般會選擇以水日為主。搬遷的時辰，陽日選陰時、陰日選陽時。

最好選在中午之前搬家，並且要在日落之前完成，切忌夜晚入屋。

入住新屋前須準備的退煞物品

- 米一碗加鹽巴一匙：灑在屋內四個角落。
- 新掃把加畚箕：先在掃柄綁上紅線，搬入前，先從屋內掃到屋外，代表把不潔的東西掃出去。
- 準備帶有莖葉的大菜頭一對：掛在大門兩側，象徵好彩頭。
- 大門上掛八仙彩，象徵喜氣洋洋。
- 在紅包袋中放入雙數鈔票，放進新米桶（裝滿米）中，代表搬入後衣食豐足。
- 每位家人各準備一套舊屋用過的碗筷，象徵到了新家飲食健康，無病無痛。

搬家完成後，當日下午祭拜地基主的供品

- 四果：鳳梨、香蕉、梨子、蘋果和鮮花。
- 三牲：豬肉、雞肉、魚肉。
- 紅圓六顆、發糕六粒、糖果餅乾。
- 壽金、香一束。

常見風水問題釋疑

風水的淵源相當悠久，
特別是在東方人的世界裡，尤其盛行。
其實，早在中國晉朝，就已經出現「風水」一詞。
此後，舉凡生活中的大小事，
皆可與風水這樣的學理，產生聯繫。

本篇以Q&A形式，收錄四十八則讀者常見的風水疑問，
將過去眾説紛紜、以訛傳訛的風水概念，一一釐清。

Q 常聽命理師說，什麼樣的人必須住在什麼坐向的陽宅，這句話對嗎？

A 學理上是對的，但並非以方位論定。古云：「山管人丁水管財」，人們在尋找安適住所時，不外乎是希望住得健康、財運亨通，而這必須要靠陽宅附近水流流向及外在環境來判斷。因為前者會影響居住者的財運好壞，後者會影響居住者的健康。

Q 常聽陽宅風水中提到「山管人丁水管財」，這句話的意思為何？

A 所謂「山管人丁」是指住家周圍環境對居住者的健康影響；「水管財」是指住家門前及附近水流對居住者的財運影響。

Q 要居住多久才以上，陽宅風水才會對居住其中的人產生影響呢？

A 一般來說，需要十至十二個月；可是心境上的影響，卻是短時間內就能產生改變的。

Q 所謂「福地福人居，福人居福地」，這種說法正確嗎？

A 學理上是對的，但並非絕對。通常人在運勢好的時候，找到的房子風水也會比較好；不好的時候，也會比較差。好的風水，任誰住都好，但不好的風水，誰住誰倒楣。隨然有時會因為個人運勢走好，不至於立即受到影響，但萬一走到運勢不好的流年，影響就會立即顯現。

Q 風水真的會輪流轉嗎？

A 好的風水會轉壞，但壞的風水不會轉好。

Q 好的陽宅風水，真的能讓每個居住者都升官發財、健康平安嗎？

A 風水好的陽宅，會讓居住其中的人過得順遂，有些人可能是發財、有些人可能是升官、有些人可能是求得平安等，其影響程度，會根據每戶陽宅的所處環境，而有所差異。

Q 有外煞的房子還能住嗎？

A 當然可以。但必須視外煞的情況，以不同方式個別處理。建議最好還是能在決定前，多看、多聽、多問，盡可能選擇外煞較少，或是沒有外煞的房子居住，較能安心。

Q 陽宅周圍的外煞，真的會對居住其中的人產生不好影響嗎？

A 所謂「有形必有靈」，不好的外煞當然會產生不好的影響。只是其嚴重性，會因為個人生肖、運勢的差異而有不同程度的影響。

Q 一般常說的陽宅坐向，到底要如何判別呢？

A 有關陽宅坐向的判別方法，眾說紛紜。最正確的做法，若陽宅與所在大樓同向，則以大樓坐向為主；倘若陽宅與所在大樓不同向，則以陽宅的陽台、落地窗等採光、進氣面積較大者為主。

Q 很多人說要以住家大門來判定坐向，這是對的嗎？

A 不對。若住家位在一樓或是透天厝的話，通常大門與住家同向；但若是位在二樓以上或是高樓層的話，通常進門後還會有一道陽台的門。在陽宅學中，大門的進出口是以開門法來論，與開門坐向不完全相同。

Q 「外格局」與「內格局」，何者比較重要？

A 對陽宅來說，若內格局出現風水上的疑慮，我們可以決定打掉重建，就能完全化解；但相較於此，外格局則是住家周圍出現不可抗拒的外煞，而我們所能做的，就只有盡可能緩解或做到化解。所以，外格局比內格局重要。

Q 據說陽宅屋形「前寬後窄主凶，前窄後寬後繼有力主吉」，這樣正確嗎？

A 不正確。風水講究的是平衡，所以陽宅屋形以方正為原則，無論是前寬後窄，或是前窄後寬，皆為不吉。

Q 若住家出現缺角，會對居住其中的人產生什麼影響？又該如何化解？

A 西北方缺角——易引起頭部問題，可在西北方擺放圓形開運物品化解。

北方缺角——易引起腎臟、子宮、泌尿器官等問題，可在北方擺放活動水流化解。

東北方缺角——易引起手部、頸部、背部等問題，可在東北方擺放圓形開運物品化解。

東方缺角——易引起足部、腳部問題，可在東方擺放活動水流化解。

東南方缺角——易引起肝膽、坐骨神經等問題，可在東南方擺放活動水流化解。

南方缺角——易引起心血管問題，可在南方擺放福木及活動水流化解。

西南方缺角——易引起腸胃、腹部等問題，可在西南方擺放圓形開運物品化解。

西方缺角——易引起肺部呼吸器官、氣喘等問題，可在西方擺放圓形開運物品化解。

Q 若住家附近有水或水池，是否代表陽宅可以旺財呢？

A 這是錯誤的觀念。陽宅的坐向不同，周圍的流水方向就會有所差異。若水池位在財位，便具招財效果，反之則否。所以，不要以為有水就有財喔！

Q 十二生肖各應避免的方位為何？

A

鼠——相沖之坐向為正南　　牛——相沖之坐向為西南偏南

虎——相沖之坐向為西南偏西　　兔——相沖之坐向為正西

龍——相沖之坐向為西北偏西　　蛇——相沖之坐向為西北偏此

馬——相沖之坐向為正北　　羊——相沖之坐向為東北偏北

猴——相沖之坐向為東北偏東　　雞——相沖之坐向為正東

狗——相沖之坐向為東南偏東　　豬——相沖之坐向為東南偏南

Q 陽宅坐向相同，吉凶影響也都相同嗎？

A 不同。因為外在環境不同、水流方向不同、居住者不同，所以影響也會有所差異。

Q 買屋、租屋時的坐向，要以八字、日柱為主，還是根據出生年所屬的納音五行為主呢？

A 原則上兩者皆可，一般以出生年所屬的納音五行使用較多。但其實選屋最重要的，還是找出陽宅周圍的水路流向，以及外煞問題。坊間許多自稱風水專家的人，並不了解水路及外煞的重要性，所以選擇時應當謹慎，以免找到半桶師。

Q 若房子是以某人名字登記，但某人並不住在屋裡，這樣某人也會受到房子風水的影響嗎？

A 陽宅風水是以居住其中者來論斷，若不住在屋裡，則不受影響。

Q 所謂「有燒香有保佑」，若陽宅風水不佳，可否請神明幫忙化解？

A 陽宅風水的好壞與神明無關，是受到磁場影響的關係。但倘若陽宅出現鬼靈，便可請神明幫忙化解。

Q 《農民曆》中提到「大利東西，小利南方，不利北方」，是否表示北方都不宜搬遷、居住或安床呢？

A 不是。通常是指北方不宜安放神明或祖先，並非指北方都不適宜居住或搬遷。

Q 什麼樣的房子容易變成鬼屋？

A
1. 陰暗，潮濕，破舊荒廢，爬滿樹藤的房子。
2. 墳場附近：因為很多亡魂在此聚集，進進出出。
3. 殯儀館附近：許多人在此辦理後事，超渡亡魂很多，也容易鬧鬼。
4. 醫院。
5. 曾經有人自殺，上吊或被殺的凶宅，易變成鬼屋。
6. 海邊廢棄的房子：因許多人在海邊溺死，當其魂魄上岸後會找一個地方休息，這些空屋就成了鬼魂休息的地方。
7. 靠近水邊的地方，易形成鬼屋。由於現在許多人往生後都採用火葬，但火葬時，有些家屬會忘記叫死者趕快離開，魂魄會被燒傷，所以亡魂會到水邊，降低燒傷的痛苦。

Q 若住進曾經有人自殺的屋宅，會有影響嗎？

A 這類曾經發生自殺的屋宅，不宜居住。倘若經過特殊儀式處理，可以改做道場，或與宗教相關的場所。但建議一般人還是不要購買或居住最好。

Q 若住家附近有寺廟、教堂或祠堂，是否會有影響？

A 會。因為這些地方在風水上屬陰地，居住其中的人容易受到不好的磁場影響。但如果是從事與宗教有關的事務，則不受影響。

Q 都市建築寸土寸金，許多人因為居住空間不足，會把陽台外推，以擴大居住空間，這是否會對居住其中的人造成影響？

A 陽台外推，會讓室內磁場產生變化。若將外推後的空間作為臥室，會讓臥室主人睡不安穩，易有腦神經衰弱的問題。

Q 住家外的巨大招牌，會對居住其中的人的健康造成影響嗎？

A 會。此招牌稱為「刀煞」，尤其招牌顏色為紅色或紅底白字的更凶。也可參考「八卦病體煞」的論述，了解不同方位可能影響的部位為何。

Q 若大樓高聳且獨棟，是否會對居住其中的人造成影響？

A 會。高聳且獨棟的大樓，由於四周無遮蔽物，風切聲大，若居住其中，易有腦神經衰弱的問題，但可作為辦公大樓使用。

Q 若在住家外圍裝設鐵窗，是否會有風水上的疑慮？

A 會。因為門窗為進氣之口，氣運不順，會影響居住者的運勢。尤其，陽台為納氣方，倘若四周皆為鐵窗，居住其中的人恐有牢獄之災。

Q 住家如有過高的圍牆、柵欄或籬笆，對居住者有何影響？

A 過高的圍牆、柵欄或籬笆，會使得居住者的氣運變差。而且，這樣的居住環境，如同牢獄，等於是自絕氣運。

Q 住家種植柳樹、杜鵑、榕樹，真的會影響家運嗎？

A 由於這些植物屬陰，容易聚陰，易使得居家不安，家運自然不順。

Q 若住家壁面生滿青苔、藤蔓，會對居住其中的人產生什麼影響？

A 青苔、藤蔓屬陰，倘若陰氣太重，居住者易生莫名病痛，看病、久醫不癒。

Q 室內可以種植水草類的植物嗎？

A 水草類的植物同樣屬陰，容易聚陰，會讓居住者的運勢不順，故不宜。

Q 可以在住家中央擺放水槽、魚缸，或建造水池嗎？

A 不宜。由於陰氣、濕氣太重，會使居住者出現病痛，甚至破財連連。

Q 若住家出現漏水，會對居住者有何影響？

A 水與財有關，漏水主漏財，會對居住者的財運、運勢造成影響。

Q 住家空間過大，但人口稀疏，真的會讓家運逐漸沒落嗎？

A 許多富人也都喜歡選擇大坪數的空間居住，只要善用布置，利用燈光裝潢，一樣可以住得舒適，不用擔心家運會受到影響。

Q 若住家、店面、辦公室的大門開在西南方或東北方位置，是否為風水學上的鬼門，不吉？

A 這種說法不僅錯誤且沒有根據。若西南方、東北方是不好方位，那麼全台灣有太多房子都不能居住。所以，這是不對的！

Q 住家神位在安奉上，有何禁忌？

A 住家神位不宜安奉在該年的三煞方，且神位後方不宜作為主臥室、廁所、廚房，或是未婚男女的臥室。

Q 若未婚男女的臥室外面安放神位，是否會對姻緣造成影響？

A 神明是光明、神聖的，若未婚男女的臥室緊貼神明，不易覓得姻緣。此外，神位後方也不宜作為主臥室，但可作為十五歲以下、六十五歲以上的小孩或老人房。

Q 若神像的外觀褪色，應如何處理？

A 若神像的外觀褪色，代表神靈早已不在，這時可以擲筊請示，看需奉送回歸本位，或是退神，或是請至廟宇供世人膜拜。也可請專家協助處理。

Q 若神明的香爐發爐，吉凶為何？

A 一般來說，若神明的香爐發爐，代表神明降臨，或是有好事發生。宜備香、素果迎接神明，或者也可擲筊請示。

Q 若祖先的公媽爐發爐，吉凶如何？

A 一般來說，若祖先的公媽爐發爐，代表是祖先的求救訊號，或是家中有重大事故即將發生。宜燒香擲筊，請示吉凶。最好可請專家協助堪察祖先風水或住家風水。

Q 若廁所門沖神位、祖先牌位，會對家中造成何種影響？

A 居住者易患小人，或者全身病痛，久醫不癒。

Q 很多人喜歡在臥室內擺放音響、電視，是否會造成影響？

A 會。音響會影響生育；電視會導致腦神經衰弱。

Q 臥室衣櫃應擺在哪個方位最好？

A 可依床位擺設，置於左方（即青龍方）為吉。若置於右方，因白虎高壓，居住者容易情緒不穩、暴躁、身體欠安。若為夫妻或男女朋友，易生口角。

Q 為增進夫妻感情，許多命理師會建議將臥室壁面漆成粉紅色，這樣的做法正確嗎？

A 不正確。紅色五行屬火，若將臥室壁面漆成粉紅色，易使人頭昏、神經衰弱、多生口角。

Q 若新婚夫妻的臥房下方或兩側為車道，是否會影響生育？

A 會。因汽車進出時的氣流會使得磁場不穩定，容易流產或不孕。

Q 若住家的中心位置（中宮）為廁所、廚房，會對居住其中的人造成什麼影響？

A 會使得居住者多病、破財、災厄不斷。

Q 若廁所門與廚房門相對，會對居住其中的人造成何種影響？

A 居住者容易多病，尤指婦女。但可在廁所與廚房之間，擺放屏風化解。

Q 是否有可讓老公回心轉意、不再喜新厭舊的風水擺設？

A
1. 可在臥室裡擺放夫妻恩愛的照片，或是掛「鯉魚戲水圖」，代表享受魚水之歡。
2. 清除住家周圍或臥室裡的花，以免老公桃花過多，讓他沒有外遇機會。
3. 在住家陽台右側，或進門口的右側，擺放一盆帶刺的仙人掌。因為男左女右，右方代表女人，帶刺的女人，男人比較不敢招惹。
4. 為了讓老公每天回家，不會在外面捻花惹草，可以拿一件老公常穿的舊內衣，上頭寫著老公的名字，折好後放顆秤錘壓在衣上，再收到床下，這樣老公就會乖乖回家。

附錄

- 化煞制煞用具
- 提升財運的陽宅八方位磁場能量擺設
- 開運招桃花的陽宅八方位能量擺設
- 陽宅八卦八方位擺設改運圖
- 你不可不知的陽宅風水禁忌

化煞制煞用具

羅盤

經開光持咒，可掛於煞方避煞。掛於玄關，可以防止外邪、陰煞入宅；掛於陽宅正後方，可以鎮宅，保平安。若於建造房屋時埋在中宮，兼具鎮宅、化煞之效。

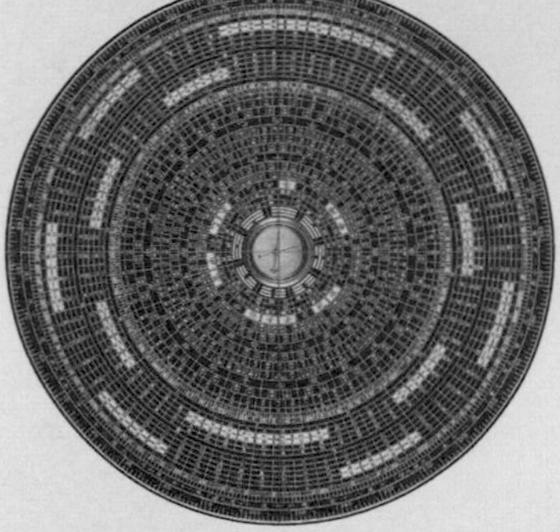

鎮宅桃木劍、制煞祥獅

在陽宅、公司入門或玄關處，可以掛上桃木劍來防止小人，或不淨靈體侵入。

若是擺放一對獅咬劍，不僅可以鎮宅、化煞，還具有招財之效。

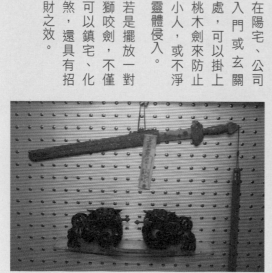

步步高升法

可在辦公桌、書桌，或是營業場所的座位後方擺放八卦桃木劍，有助升遷。桃木劍可避免小人招惹、口舌是非，化解官符，穩定工作、事業及財運。

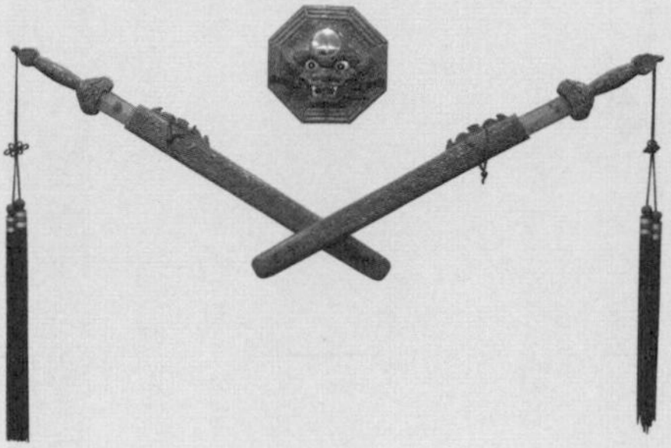

八卦桃木獅咬劍

在陽宅風水中，八卦桃木獅咬劍具有極佳的避煞效果。因為桃木本身可以避邪；八卦可以鎮宅；獅咬劍可以鎮煞。若使用前經過道法開光、持咒安奉，其避煞、鎮宅效果尤佳。

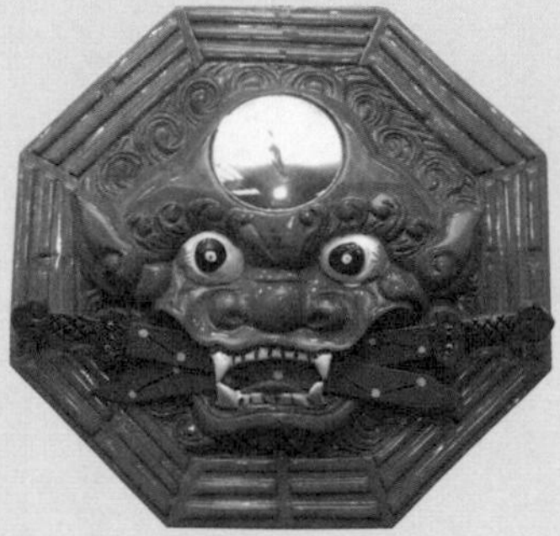

防止劫財金錢劍

由古代錢幣，上加一道防止劫財符令而成。可置於金庫、收銀機、櫃台或財位方，以防止破財、劫財。請注意，使用前須經開光、拜拜安奉，且符令需經專業風水師、法師書寫、持咒，方具效果。

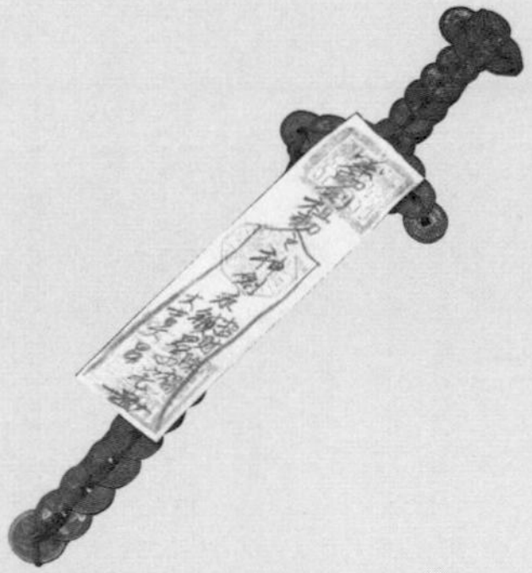

開運竹

陽宅風水中，若開運竹的位置擺放正確，有利工作升遷。但擺放前，竹節的部分必須先用紅線綁住，以達化陰為陽，否則開運不成，反招陰邪入侵。

招財水流圖

陽宅風水中，可在客廳中擺放流水圖畫，具招財效果。但擺放前，方位需經專業風水師勘查，以免位置錯誤，反招破財。

招財鎮宅獅咬劍

若置於玄關，具鎮寶化煞、避邪、招財效果，可避免家中、公司人事不和。同時放於辦公桌、書桌、櫃檯、財位，也可有效招財。若經開光，施符念咒，請神加持，更可增加招財靈動力。

石磨催財法

可在陽宅財位所在，擺上具催財效果的石磨流水，並將出水口指向另一財位，連結二方財位水流，使之源源不絕。若再依奇門遁甲擺設，更具讓人意想不到的招財效果。

催財、招財水流飾品

古云：「山管人丁水管財」，水即是財。建議可在陽宅玄關或進門處，擺放流動水飾品並加裝造霧器。開門時，空氣從門口進入，象徵風生水起好運來，具有帶動磁場能量及招財等效果。

招財流水瓷瓶

象徵源源不絕，財來進庫。若房子座向東、西、東南、西北，須置於屋內左側，讓水往內流；若房子座向南、北、東北、西南，則須置於屋內右側，讓水往內流。

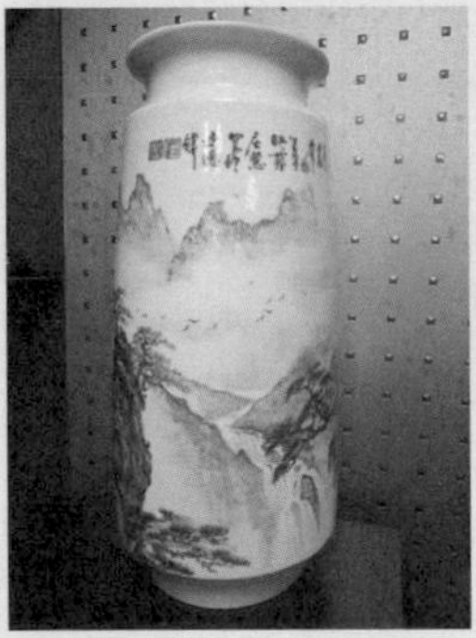

聚寶盆財位

聚寶盆在五行屬金，若在陽宅風水屬金的財位上，擺放聚寶盆，具有旺財效果。此外，聚寶盆上方另外擺設水晶或五行屬土的礦石更具土生金之效用，當然該財位的力量就加倍。

【開運招財聚寶盆】

放在居家進門對角線或櫃台、收銀機、金庫、居家正財位處，可達開運招財之效果，但聚寶盆需用古龍銀、八張招財符、防劫財金錢劍，配合道法開光、持咒祭拜、安奉，方可發光、發熱，催財入門。

屏風之功用

若將屏風置於玄關處，可迴風轉氣。倘若陽宅犯有穿堂煞（前門通後門），也可以屏風化解。選擇屏風時，以密不通風者佳。

若屏風出現鏤空，可於其中一側貼上透明玻璃

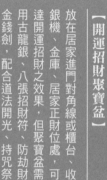

活動噴泉

活動的噴泉可化解部分煞氣，並帶來財氣，尤其坐東向西的房子，前方有噴泉為佳，因為水來生木之關係。但坐南朝北的房子則不宜，因為水火相剋之故。

【噴泉化煞且招財】

許多外煞都可藉由活動噴泉化煞，並帶來財氣。尤其坐東向西的房子，因水來生木之故，前方宜有噴泉。但坐南朝北的房子則不宜，因南方屬火，若北方造有噴水設計，會產生水火相剋，居住陽宅中的人，容易有心臟問題。而陽宅本身，也容易喚陰，在陰宅學中稱之為「五鬼蔭」。

魁星踢斗

魁星爺掌管金榜題名、科甲功名，是讀書人的守護神，不僅能點除妖邪鬼怪，還能鎮宅賜福。魁星踢斗圖可置於居家或流年的財位、文昌位，但擺放空間須保持乾淨、整齊。

水晶琉璃旺財法

居家可依陽宅內格局八卦五行之擺設增加磁場，並在五行屬土的方位上，擺放水晶、琉璃、土石類物品以增加磁場，達旺氣、改運、招財之效。

【水晶之用途】

水晶五行屬土，可在陽宅八卦五行屬土或屬金的方位上，擺放水晶、磁石，以增加磁場能量。但須小心，若擺設錯誤，可能招致不良效果。使用前，可事先請教專業風水師。

【財位如何加強】

可在陽宅風水屬金或屬土的財位上，擺放水晶洞，具有強化磁場之效。使用前，若能經道法開光，啟動能量，效果更佳。但請注意，若居家財位五行屬水或屬木的話，則不可以使用，以免破財。財位之五行依陽宅方位而定。

提升財運的陽宅八方位磁場能量擺設

確定財位，還要強化財位的靈動力。

首先，請找出家中財位，並配合財位的五行，擺放金庫、珠寶、水晶、魚缸，或重要地契文件等，藉此強化財位的靈動力，有助財運的提升。

一般來說，如果搬入新房，必須居住十個月至一年的時間，才會產生運勢上的影響。

但如果是從不好的房屋搬到風水磁場較好的房屋，雖然短期內仍會受到先前舊屋的影響，但嚴重程度會隨著時間逐漸遞減。

每戶陽宅的財位，會因其坐向而有所差異，因此有助催財的五行物品也不盡相同。比方說，若五行屬水，卻擺設屬土的物品，非但不能催財，還會減少財氣，擺放時不得不慎。

【各種坐向房屋之財位及擺設物品】

坐西北朝東南

財位在東北方，屬土，宜在財位擺設水晶、房地契、重要文件及一盞燈。因燈屬火，火生土，相生為吉。

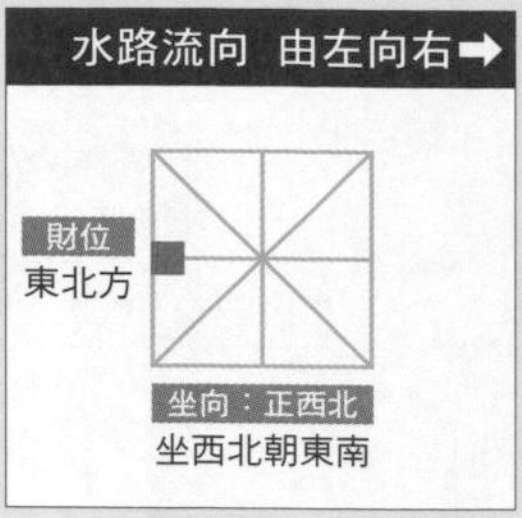

坐北朝南

財位在西南方，屬土，宜在財位擺設水晶及燈，並讓燈光照射在水晶上。房地契及重要文件，也可以擺放於此。

坐東北朝西南

財位在西北方，屬金，宜在財位擺設金銀珠寶、撲滿、貴重物品或水晶。因水晶屬土，土生金，可增強財位靈動力。

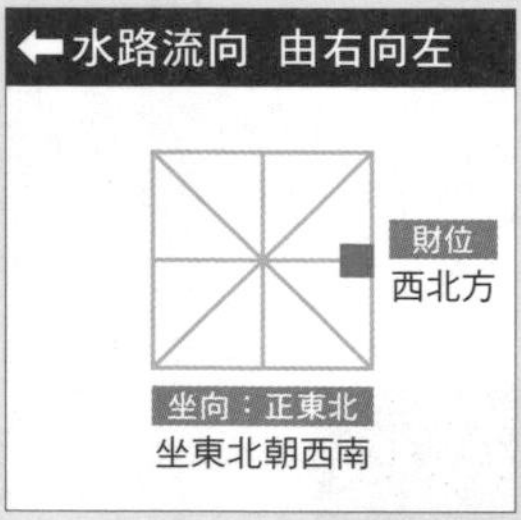

坐東朝西

財位在北偏西北方，屬水，宜在財位擺放流動的水飾品，如水車、魚缸、水缸等。但請注意，魚缸裡的魚要妥善照料，一旦減少要立即補足。

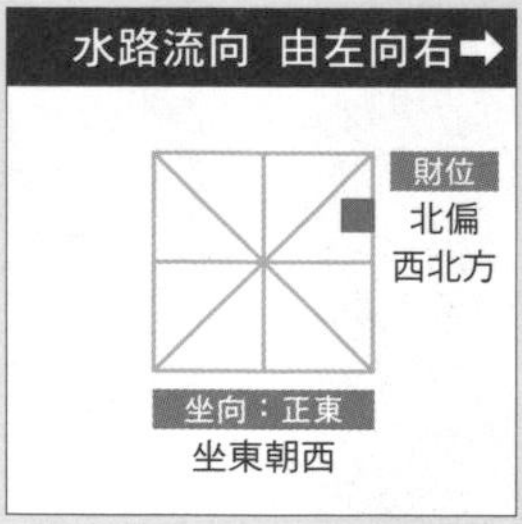

坐東南朝西北

財位在西南方，屬土，宜在財位擺設水晶、土製陶瓷器、房地契等重要文件。

坐南朝北

財位在西偏西北方，屬金，宜在財位擺設金銀珠寶、撲滿、貴重物品，或水晶、土製陶瓷器以增加財運。

坐西南朝東北

財位在東南方，屬木，宜在財位擺放發財樹，或不易凋謝的圓葉盆栽。甚至，也可利用水生木的五行相生原理，擺設水缸、魚缸等。

坐西朝東

財位在北偏東北，屬水，宜在財位擺放流動的水飾品，如水車、水柱、魚缸、水缸等。但請注意，魚缸裡的魚要妥善照料，一旦減少要立即補足。

開運招桃花的陽宅八方位能量擺設

很多人對「桃花」存有偏狹誤解，其實桃花除了異性緣外，在命理學中，也泛指貴人。只要在家中正確擺設鮮花，就能替自己覓得好桃花。但即便引來桃花，結果好壞，還是端看個人如何對待。

最正確的陽宅坐向判定，是以採光面大，或緊臨大馬路的方向為正向，反之則為背向。建議仍須請專業風水師實地以羅盤勘測為佳。

接下來，我們就以八個不同坐向的陽宅為例，只要依照書上圖示，在正確的方位擺上紅、黃、白三種顏色的鮮花，就能藉由這樣的小改變，提升自己的桃花運與異性緣。

但請注意，當你順利覓得心目中的白馬王子或白雪公主後，一定把鮮花撤除，雖說「有花堪折直須折」，但也不要一次折太多，以免引來二次桃花不必要的糾纏。

坐西北朝東南

宜在正南方、東北偏東、西北偏西等三個方向動線上，擺設紅、黃、白色的鮮花。

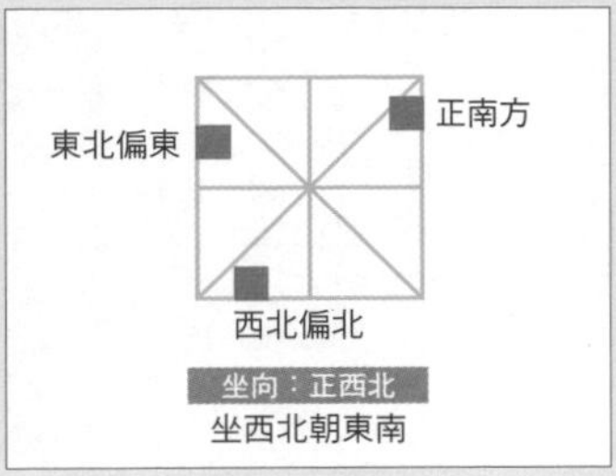

坐北朝南

宜在東方、東南偏東、東南偏南等方向動線上，擺置紅、黃、白色的鮮花。

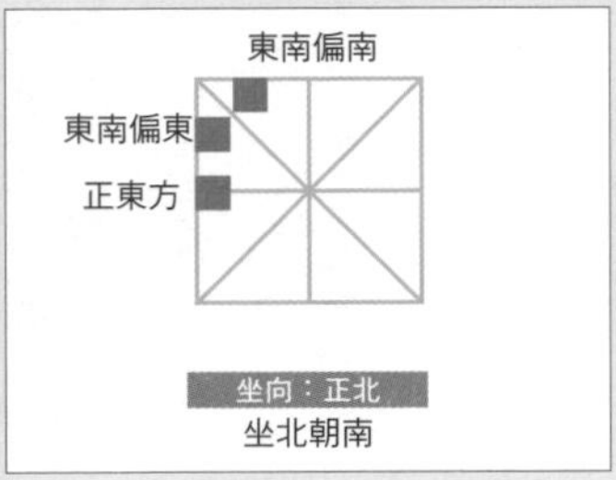

坐東北朝西南

宜在東北偏東方、正南、西南偏西等三個方向動線上，擺放紅、黃、白色的鮮花。

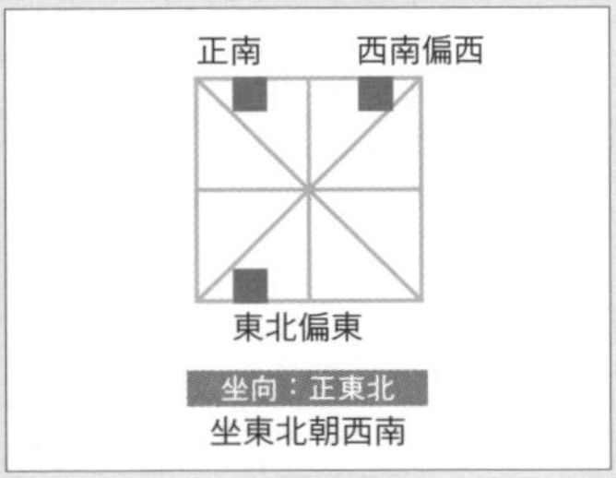

坐東朝西

宜在東北偏北、西南偏西、西北偏北等三個方向的動線上，擺放紅、黃、白色的鮮花。

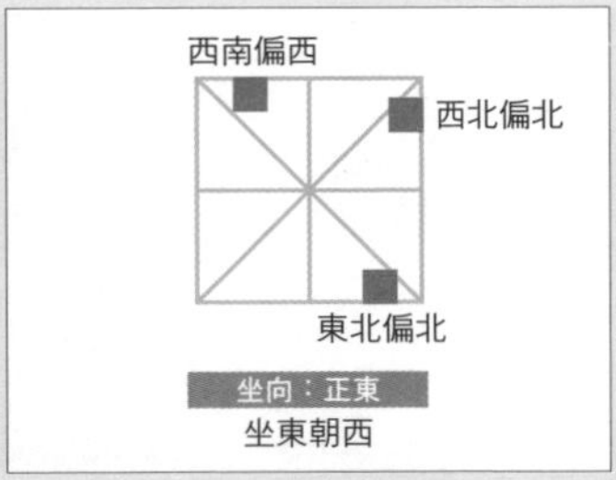

坐東南朝西北

宜在東南偏南、正西、正東等三個方向動線上，擺設紅、黃、白色的鮮花。

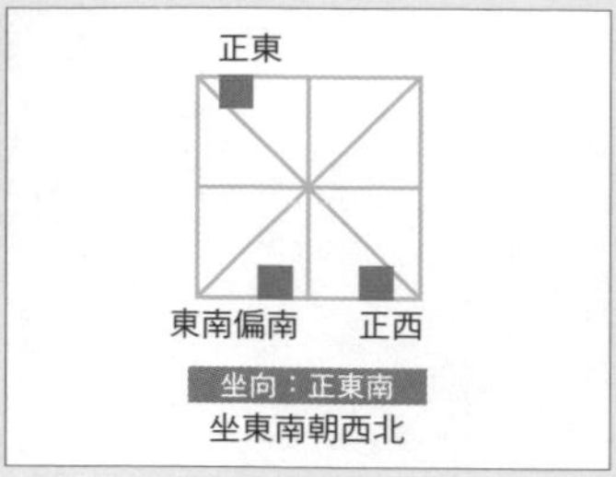

坐南朝北

宜在西南偏西、西北偏北、正南等三個方向動線上，擺放紅、黃、白色的鮮花。

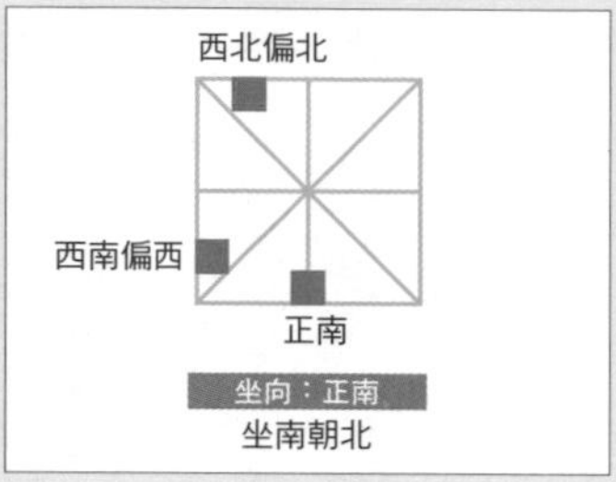

坐西南朝東北

宜在正西、西北偏西、正東、東南偏東等四個方向動線上，擺設紅、黃、白色的鮮花。

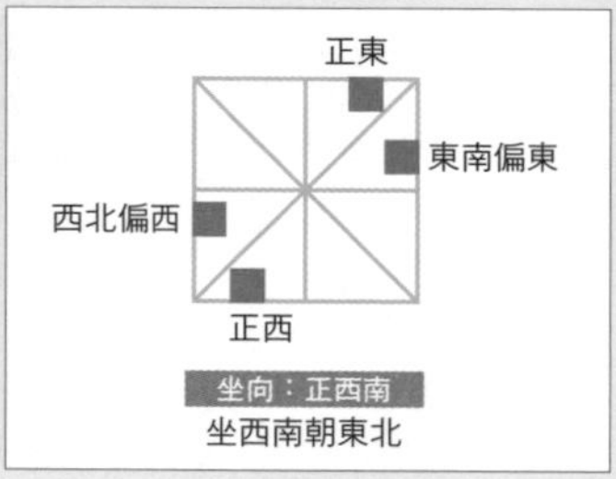

坐西朝東

宜在正西、西北偏西、東南偏東、東南偏南等四個方向動線上，擺置紅、黃、白色的鮮花。

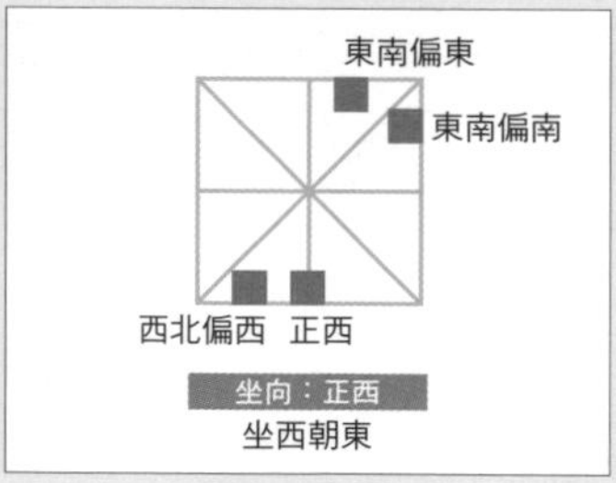

尚未結婚的人想要提升自己的異性緣很正常，但如果你已經結婚，請務必留意以下說明。

婚外情不僅違背倫理，且勞神又傷財，如果你的陽宅坐正東、正南、正西、正北，且前方水路由左向右流的話，很容易出現外遇桃花。尤其屋前有牽牛花等爬藤類植物或藤蔓冒出圍牆者，機會更大。

如果在你家中出現上述情況的話，千萬不要再在所示方位「插花」了，甚至還要記得把屋前的爬藤類及藤蔓類植物清除，以免影響家庭幸福。

範例：

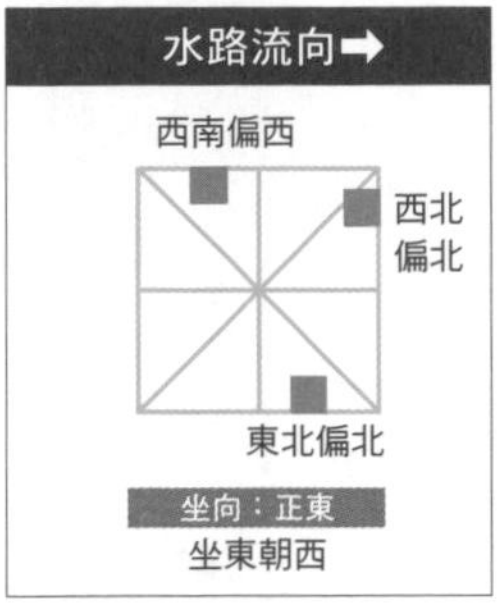

陽宅八卦八方位擺設改運圖

1. 若想求得夫妻感情和合，可在夫妻臥房的西南方，掛上一幅鴛鴦圖或鯉魚戲水圖。但倘若發生丈夫外遇的情況，可在住家陽台右側種植帶刺植物（如仙人掌）化解。

2. 若想提升子女讀書運，可加強家中文昌位的擺設。比方說，可在陽宅東北方掛上一幅「旭日東升圖」，或是四枝毛筆及筆架，有助子女學業及考運。

3. 若想求得功名及光明，可在陽宅南方掛上一幅「旭日東升圖」、「節節高升圖」，或是以燈光加強南方照明。

4. 若想提升財運，因東南方屬木，有助催財，可以擺放催財水流，以利催財。

旭日東升圖

陽宅玄關是關係財富能否進到家中的重要空間，因此建議可在玄關處，擺放有助催財的活動流水。但請注意，流水的方向需朝向陽宅內部，否則招財不成，反破財連連。

5. 若想頭胎一舉得男，可在陽宅東方掛上經開光的洞簫，或是一幅「麒麟送子圖」，可有利生男。甚至，也可將夫妻臥房設在東方位置。

6. 若想求女或多生小孩，可在陽宅西方牆面，掛上經開光的洞簫，或是「百子圖」。

7. 若想催財，可在陽宅西北方、北方掛上「招財進寶圖」，或是張貼招財符令、擺放水晶洞，以利招財。

8. 若想求得貴人，可在陽宅南方掛上「吉星高照圖」，或是張貼人緣桃花貴人符，以利招財、招貴人。

9. 可在陽宅玄關或陽宅中央位置，掛上經開光的八卦桃木咬獅劍，不僅可以鎮宅，還能化煞、招財。

10. 若是夫妻、男女朋友想求得感情和睦，可在床頭上方掛上「和合二聖圖」，有助感情和合。

招財進寶圖

和合二聖圖

你不可不知的陽宅風水禁忌

【臥室篇】

1. 臥室環境以安靜、空氣流通者為佳。若光線太暗，即便白天也宜點燈。
2. 臥室壁面千萬不宜漆上粉紅色，以免神經衰弱，且夫妻易多生口角。根據以往經驗，因而以悲劇收場者不在少數。
3. 臥室光線應維持明亮，情緒才會跟著穩定，常保愉快。
4. 臥室空氣應使之對流，身體才會健康，少病痛糾纏。
5. 臥室顏色忌紛雜、五花十色。
6. 臥室窗口切勿吊掛風鈴，易使人頭暈，心浮氣躁。

臥室裡不宜選擇圓床、圓形天花板、圓形圖案，主不吉。

7. 臥室地板以淺色為佳。

8. 臥室不宜鋪設地毯，因地毯容易潮濕生霉，傷氣管。其中，長毛地毯尤不建議。

9. 臥室廁所不可沖床位，若沖頭，易頭痛；沖肩，易脖子痛；沖腰，易有坐骨神經、腎臟問題；沖腳，易腳酸；正沖，易腹中有病。

10. 臥室不可横跨在屋內外之牆下。但一般來說，樓上增建者比較容易有此現象，居住其中者，易心神不安。

【床位篇】

1. 床位下方若是化糞池，易對身體造成影響。

2. 若樑柱横經床頭或床位上方，容易出現一般所知的鬼壓床情況。但如果以天花板覆蓋，則影響較小。

3. 床位兩側不沖門口。

4. 床位兩側不沖廁所門。

5. 床位正前方不沖廁所門。

6. 床位正前方不沖廚房灶位，即便中間有牆壁隔離，亦屬不吉（即所謂「騎灶」）。
7. 若床位前方裝設冷氣，易患風寒。若沖頭，不僅不吉，且不利生育。
8. 床位右側及頭頂上方，不宜安裝冷氣。
9. 床位正前方不宜放鏡子。床位兩側不宜放大鏡子。
10. 床頭兩側若出現桌角、櫥角，會沖射頭部，導致頭痛連連。
11. 床位正前方不沖廁所或櫥櫃之角。
12. 床頭上方若放音響，會影響生育；若放電視，易生怪病、腦神經衰弱。
13. 床位不安置在他樓層的爐灶上方或下方。
14. 床位不安置在他樓層的廁所上方或下方。
15. 床位若靠廁所牆面，易腰酸背痛；若位在樓下廁所的上方，同樣不宜。
16. 床位不宜安置在臥室房門的入口側邊（不靠開門牆面卻又近門邊），易起疑心，腦神經衰弱。
17. 床位右側若靠牆，易口角不和。
18. 床位不安置在落地窗邊，因光線太強，易腦神經衰弱。

19. 床位上方的天花板樣式採簡單明亮為宜。
20. 床位上方不宜掛怪異燈具，如樣式與開刀手術類似的燈。
21. 床位下面不宜堆放舊物、穢物，或破銅爛鐵之物（鐵器、鍋爐尤忌），恐求子不順。
22. 床頭不宜靠近馬路，易頭暈、頭痛。
23. 床頭不宜靠近廁所，恐影響智力、身體。
24. 床頭上方勿掛山水畫，且勿掛大圖，恐會影響生育、頭痛。
25. 床頭上方或前方勿掛深色圖案，也勿掛相片，猛虎下山會傷人；勿掛時鐘，睡眠不安。
26. 床位不可同灶口相同。
27. 床頭若掛時鐘、風鈴，易有腦神經衰弱。

【廚灶篇】

1. 新灶若放在舊灶後方或相對，易目無尊長、長幼無序。若是古灶，則以噴口為主，看龍虎邊。
2. 灶口若沖門、沖路，易有口舌是非。

3. 若樑壓灶台，頭上發熱，全家易生不安。
4. 灶台若與冰箱對沖，冷熱不和，易生病。
5. 灶台若與廁所門對沖，藥瓶不離。
6. 灶台若沖牆角，腰酸背痛。背後有門來沖，亦同。
7. 灶台若沖他人屋角，可依「八卦病體煞」論之。
8. 灶台兩側不宜沖門。
9. 灶台不宜安放於陽台之上，上空下空。
10. 灶台不宜安置在水缸邊，水火不調和。
11. 灶台不宜正對儲水罐，水火相射。
12. 灶台若在化糞池上，易有藥瓶不離的情況。
13. 灶台若在排水溝上，代表酒肉穿腸過，財來財去。
14. 灶台不宜在廁所的通水管上。
15. 灶台不宜背靠廁所（即人面向廁所牆壁）。

16. 灶台不宜面向廁所馬桶，即便中間有牆間隔亦不宜。

17. 灶台不宜正對房門，尤忌老人房。

18. 灶台不宜與神位沖，易多是非。

19. 灶台應安於藏風聚氣處，但需注意通風。

20. 灶台不宜安在窗下，瓦斯恐因風吹而使人中毒。有云：「背空無靠」。

21. 灶台不宜與房子相背坐（反背，即人面向屋外）。

22. 灶台應面向屋內，主家人和諧同心。

23. 不用之舊灶最好拆除，家中比較平安和睦。

送灶流程如下：

(1) 壽金二指，卯時。

(2) 燒香奉送本家灶君。

(3) 金紙燒完後，放入灶內，水（第二遍洗米水）即打掉。

24. 灶位盡量安於青龍方，可讓孩子長智慧。
25. 灶位盡量不宜在白虎方，若不得已時，也無妨。
26. 灶位盡量不宜在陽宅正中央。
27. 灶位應與屋向垂直或平行，忌斜向。
28. 灶口不宜面向冰箱，冷熱不和，傷氣管。
29. 灶口不宜面向臥室門，住該房者多病體。
30. 灶口不宜面向廚房出水口（順水流）。

【廁所、化糞池、水塔篇】

1. 廁所不同於化糞池，不可混為一談。
2. 古時廁所衛生較差，易有臭氣，不可位在風頭。
3. 現今廁所衛生較好，位置不受拘束。
4. 馬桶坐向無特殊規定，以方便使用為原則。

5. 執著馬桶坐向者是無知的行為。
6. 廁所門不宜與大門入口相正沖，易有口舌之災，事業不順。
7. 廁所門不宜與灶位正沖，家中主婦不安，可以屏風改善。
8. 廁所門不宜與臥室門正沖，主住者多病痛。
9. 廁所門不宜沖床位，易腰背酸痛。若沖頭，易痛頭；沖腰，易腰痛；沖腳，易腳痛。
10. 廁所門不宜沖書桌或辦公桌，恐坐立不安。
11. 廁所門不宜沖神位、祖先神位，恐犯小人。
12. 廁所門若與二、三樓走道正沖，無妨。
13. 廁所門不宜沖金庫，容易耗財。
14. 廁所宜安於住家白虎方。
15. 廁所不宜設在神位後方，尤指馬桶。
16. 馬桶不宜暗沖灶位。
17. 化糞池若在屋後正中央，傷智慧。

18. 化糞池若在屋後青龍方，傷文昌。
19. 化糞池若在虎邊，吉相。
20. 化糞池若在屋前，藥瓶。
21. 水塔若在青龍方，吉相。
22. 水塔若在白虎方，凶相。
23. 水塔若在中宮，傷心臟。

陽宅內外格局速查索引

2劃

3劃

4劃

12劃

16劃

17劃

18劃

19劃

20劃

22劃

國家圖書館出版品預行編目資料

江柏樂圖解居家開運好風水（全新增訂版）／江柏樂 著
--初版. --臺北市：商周出版：家庭傳媒
城邦分公司發行，2013〔民102〕
面；14.8*21公分.
ISBN 978-986-272-300-5（平裝）
1. 相宅

294.1 101026221

東西命理館14

江柏樂圖解居家開運好風水（全新增訂版）

作　　者／江柏樂
企劃選書／何宜珍
責任編輯／魏秀容
封面攝影／王泰立

版　權　部／葉立芳、翁靜如
行銷業務／林彥伶、張倚禎
總　編　輯／何宜珍
總　經　理／彭之琬
發　行　人／何飛鵬
法律顧問／台英國際商務法律事務所　羅明通律師
出　　版／商周出版
臺北市中山區民生東路二段141號9樓
電話：(02) 2500-7008　傳真：(02) 2500-7579
E-mail：bwp.service@cite.com.tw
發　　行／英屬蓋曼群島商家庭傳媒股份有限公司城邦分公司
臺北市中山區民生東路二段141號2樓
讀者服務專線：0800-020-299　24小時傳真專線：(02)2517-0999
讀者服務信箱E-mail：cs@cite.com.tw
劃撥帳號／19833503　戶名：英屬蓋曼群島商家庭傳媒股份有限公司城邦分公司
訂購服務／書虫股份有限公司客服專線：(02)2500-7718；2500-7719
服務時間：週一至週五上午09:30-12:00；下午13:30-17:00
24小時傳真專線：(02)2500-1990；2500-1991
劃撥帳號：19863813　戶名：書虫股份有限公司
E-mail：service@readingclub.com.tw
香港發行所／城邦（香港）出版集團有限公司
香港灣仔駱克道193號東超商業中心1樓
電話：(852) 2508-6231　傳真：(852) 2578-9337
馬新發行所／城邦(馬新)出版集團
Cité (M) Sdn. Bhd.
41, Jalan Radin Anum, Bandar Baru Sri Petaling, 57000 Kuala Lumpur, Malaysia.
電話：(603)9057-8822　傳真：(603)9057-6622

行政院新聞局北市業字第 913 號

封面設計／COPY
內頁設計／雞人視覺工作室
印　　刷／卡樂彩色製版印刷有限公司
總　經　銷／高見文化行銷股份有限公司 客服專線：0800-055-365
電話：(02)2668-9005　傳真：(02)2668-9790

■2013年（民102）2月初版
定價／320元

商周部落格：http://bwp25007008.pixnet.net/blog
ISBN 978-986-272-300-5

Printed in Taiwan
城邦讀書花園
www.cite.com.tw

商周出版

廣　告　回　函
北區郵政管理登記證
北臺字第000791號
郵資已付，免貼郵票

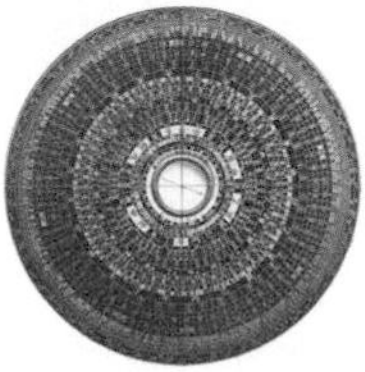

104台北市中山區民生東路二段141號9樓
城邦文化事業（股）有限公司

商周出版　　收

請沿虛線對折，謝謝！

江柏樂 圖解居家開運 好風水

財旺、福旺、人氣旺～ 新春開運祈福好禮加碼送！

只要填妥背面活動專用讀者回函卡，就有機會獲得江柏樂老師獨家開運好物，數量有限，敬請把握！

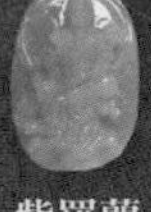

紫羅蘭
翡翠水月觀音
（市價26,400／3名）

日日招財
翡翠財神爺
（市價19,800／3名）

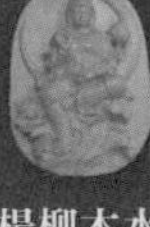

楊柳木水
月觀音
（市價11,940／6名）

貝殼
平安觀音
（市價11,940／6名）

江柏樂北斗七星踩金
防小人襪
（市價299／30名）

- ●活動時間：即日起至2013年4月30日止（以郵戳為憑，傳真或影印無效）
- ●活動方式：獲獎名單將於2013年5月10日公布於商周出版FACEBOOK及城邦讀書花園網站（www.cite.com.tw），並以電話通知。獎項將於5月16日寄出。

請於此處用膠水黏貼

活動專用讀者回函卡

親愛的讀者，感謝您購買《江柏樂圖解居家開運好風水》，只要您在2013年4月30日前填妥此回函卡（傳真或影印無效），就有機會獲得「紫羅蘭翡翠水月觀音」（市價26,400／3名）、「日日招財翡翠財神爺」（市價19,800／3名）、「楊柳木水月觀音」（市價11,940／6名）、「貝殼平安觀音」（市價11,940／6名）、「江柏樂北斗七星踩金防小人襪」（市價299／30名）等多項相關好物。

姓名：＿＿＿＿＿＿＿＿ 性別：□男 □女

生日：＿＿＿＿ 月 ＿＿＿＿ 日

地址：＿＿＿＿＿＿＿＿

聯絡電話：＿＿＿＿＿＿ 傳真：＿＿＿＿＿＿

E-mail：＿＿＿＿＿＿＿＿

學歷：＿＿＿＿＿＿＿＿

職業：＿＿＿＿＿＿＿＿

您從何種方式得知本書消息？

＿＿＿＿＿＿＿＿

您從何處購買本書？

□實體書店 □網路 □傳真訂購 □郵局劃撥 □其他：＿＿＿＿

＿＿＿＿＿＿＿＿

本書吸引您購買的原因？

□主題 □封面設計 □抽獎贈品 □親友推薦 □其他：＿＿＿＿

＿＿＿＿＿＿＿＿

過去是否曾經購買風水命裡相關書籍？

□有。作者或書名 ＿＿＿＿＿＿＿＿

□無。

未來希望看到的風水開運主題？

□升遷 □招財 □人際 □姻緣 □健康 □以上皆可 □其他：＿＿＿＿

＿＿＿＿＿＿＿＿

對我們的建議：＿＿＿＿＿＿＿＿

＿＿＿＿＿＿＿＿

＿＿＿＿＿＿＿＿

請於此處用膠水黏貼

台灣首席風水大師

江柏樂

獨家風水開運商品

地址：台北市天母東路29號2樓
電話：02-28755666．02-28755688

七仙女人緣桃花玉珮

定價 3,980

佩戴七仙女娘娘青玉法像，可增加異性緣，改善人際關係，增進桃花貴人緣，避免犯小人。玉的能量磁場可改善體質，減少病痛，最重要的是可增加業務能力、貴人，財源廣進。

武財神玉珮

定價 3,980

經神佛降臨加持，開光之法像，不僅可招正財、偏財，也可避邪，護身保平安。玉的能量磁場可改善體質，減少病痛，出入不乾淨的場所可避陰煞；開車佩戴可增加行車安全，最重要的是武財神可幫您日時招財日時到，夜時招財時時來。

劉海禪師玉珮

定價 3,980

劉海禪師又稱「偏財祖師爺」，座騎三角蟾蜍。佩帶經開光劉海禪詩清玉法像，不僅可避邪、護身、保平安，更可招來偏財運。任何因工作需晚歸的人也可人車平安。

萬山財神爺玉珮

定價 3,980

沈萬山手持如意棒，代表吉祥如意，幸福來臨。聚寶盆累積財富，財源滾滾。龍邊為進寶童子，虎邊為招財童子，意謂著招財又進寶，財源滾滾來。

日日招財翡翠財神爺

結緣價 6,600

萬山財神手拿聚寶盆，能使事業順利，財源滾滾，九龍如意，能使買賣契合，營業稱情，心想事成，誠心許願，願成還願，必能所屬如願。對成就事業，聚積財物，有相對成效之功。

萬山翡翠財神爺玉珮

定價 6,600

萬山手持如意棒，代表吉祥如意，幸福來臨。聚寶盆累積財富，財源滾滾。龍邊為進寶童子，虎邊為招財童子，意謂著招財又進寶，財源滾滾來。

豆青翡翠觀音玉珮

定價 4,980

玉觀音平安招財玉珮，依大慈大悲的觀世音菩薩法像雕刻，有佛教與密宗兩大神明護體，同時由江柏樂老師親自開光，佛道密三大法護身，可護佑身體健康，若遇冤親債主，可消災除障避邪靈干擾；若遇祖靈問題，可常保平安健康。

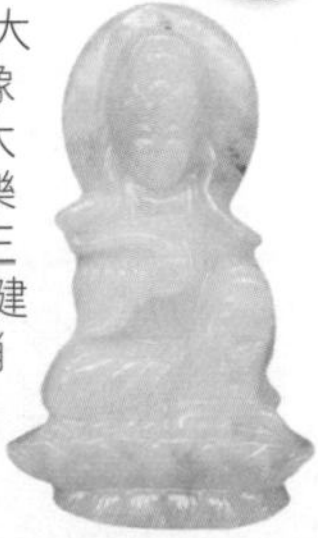

翡翠觀音招財組（小）

定價 3,980

玉觀音平安招財玉珮，依大慈大悲的觀世音菩薩法像雕刻，有佛教與密宗兩大神明護體，同時由江柏樂老師親自開光，佛道密三大法護身，可護佑身體健康，若遇冤親債主，可消災除障避邪靈干擾；若遇祖靈問題，可常保平安健康。

翡翠水月觀音

結緣價 8,800

觀看水中之月，以水中之月來比喻佛法色空的義理。水月觀音像據說是唐代著名畫家周昉首創，是中國藝術家依據華嚴經入法界品，所描述觀世音菩薩，說法道揚，南海普陀山，山水流泉，風景優美，所創作出來。

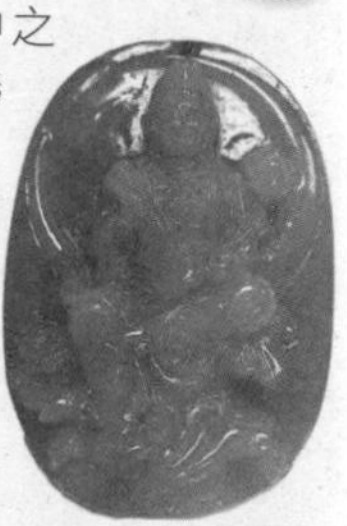

寶瓶真金觀音

定價 4,980

右手持柳枝，左手執灑水器。觀音灑下清澈的水，洗淨眾生深重的煩惱和因煩惱而玷汙的汙垢，意思是將大悲甘露灑向人間，為世人造福。寶瓶觀音是普門品中「若為大水」一句的象徵。寶瓶觀音將水恰到好處地分布於世間，結出地上的豐碩成果。

青玉開運印章

特價 6,600
原16,800元

青玉本就有帶正財，主事業的功效。開運印鑑使用有如趨吉避凶之功能，同時可增加姓名的靈動力，來防止小人破壞而漏失財庫。用青玉做為開運印鑑，可招財利市、財運亨通、生意興旺、仕途順利、官祿高升、文昌光明。

招財避邪桃木（小）

特價 3,600
原4,980元

桃木本身可避煞、驅邪，八掛鎮煞，獅頭退煞。經江柏樂大師，腳踏七星八卦步，開光祈福、加持，可改運增加財運，小人遠離，財源滾滾。

賺到爆開運招財紅內褲三件入

特價 990
原1,280元

「紅」色具有避邪驅煞的能力。在一年之中轉換節氣最強的農曆年間穿江柏樂-開運招財紅內褲，不但可以去掉前一年的霉氣，更可以除厄運、保平安，增進財運、事業運、感情運、工作運、人緣桃花貴人運及偏財運。

十方財神開運補運發財金

特價 990
原1,980元

發財前需先改運、祭改。改運、祭改後需要補流年財庫、俗稱「補庫」。補完財庫再求眾神做主，賜予財運，自可日日見財、財源不斷、所求才能功德圓滿。

1.開運轉運疏文
2.開運補財庫疏文
3.開運發財疏文
4.誠心誠意大聲唸出你的需求